U0511512

中国现象学文库
现象学原典译丛

人在宇宙中的地位

〔德〕马克斯·舍勒 著

张柯 译

商务印书馆
创于1897　The Commercial Press

Max Scheler

DIE STELLUNG DES MENSCHEN IM KOSMOS

Darmstadt: Otto Reichl Verlag, 1928

本书根据 Otto Reichl 出版社 1928 年版译出

《中国现象学文库》总序

自 20 世纪 80 年代以来，现象学在汉语学术界引发了广泛的兴趣，渐成一门显学。1994 年 10 月在南京成立中国现象学专业委员会，此后基本上保持着每年一会一刊的运作节奏。稍后香港的现象学学者们在香港独立成立学会，与设在大陆的中国现象学专业委员会常有友好合作，共同推进汉语现象学哲学事业的发展。

中国现象学学者这些年来对域外现象学著作的翻译、对现象学哲学的介绍和研究著述，无论在数量还是在质量上均值得称道，在我国当代西学研究中占据着重要地位。然而，我们也不能不看到，中国的现象学事业才刚刚起步，即便与东亚邻国日本和韩国相比，我们的译介和研究也还差了一大截。又由于缺乏统筹规划，此间出版的翻译和著述成果散见于多家出版社，选题杂乱，不成系统，致使我国现象学翻译和研究事业未显示整体推进的全部效应和影响。

有鉴于此，中国现象学专业委员会与香港中文大学现象学与当代哲学资料中心合作，编辑出版《中国现象学文库》丛书。《文库》分为"现象学原典译丛"与"现象学研究丛书"两个系列，前者收译作，包括现象学经典与国外现象学研究著作的汉译；后者收中国学者的现象学著述。《文库》初期以整理旧译和旧作为主，逐步过渡到出版首版作品，希望汉语学术界现象学方面的主要成果能以《文库》统一格式集中推出。

我们期待着学界同仁和广大读者的关心和支持，借《文库》这个园地，共同促进中国的现象学哲学事业的发展。

《中国现象学文库》编委会

2007 年 1 月 26 日

目　　录

前　言

　　数年来,我一直在撰写《哲学人类学》,它将于1929年初出版。[①]对于这部著作的若干要点,我有一些看法,眼下这部作品呈现了对这些看法的一种简略的、相当紧凑的总结。"人是什么? 人在存在中的地位是什么?"这样的问题,自从我的哲学意识第一次觉醒以来,就比其他任何一种哲学问题都更加本质性和更加中心性地让我全神贯注。经年累月地努力——我在这些努力中,力求从一切可能方面来围绕探讨此问题——自1922年以来业已整合到一种撰写工作中了,即撰写一部更大规模的、致力于此问题的著作;并且我日益有幸看到,我已探讨过的所有哲学问题中的大部分问题,都愈来愈多地在这个问题中叠合了。

　　1927年4月,在达姆斯达特召开的智慧学派[②]大会上,我作了名为《人之特殊地位》(Die Sonderstellung des Menschen)的报告(亦参见《烛台》[*Der Leuchter*],第8卷,1927年),此后有多方人

---

　　① 舍勒因心脏病突发,于1928年5月19日在法兰克福去世,因此《哲学人类学》并未完成。该遗稿辑入《舍勒全集》第12卷。——译者(以下注释如未标为原注,皆为译者所加。)

　　② 智慧学派(Die Schule der Weisheit),1920年由赫尔曼·凯瑟凌伯爵(Graf Hermann Keyserling, 1880—1946)在德国达姆斯达特创立,学派将自身定位为一个独立的哲学组织,其旨趣在于生命哲学。

士向我表示，希望这个报告能作为单行本出版。通过眼下这本书，
这个愿望就得到满足了。倘若有读者想要了解我对这个伟大对象之
看法的发展阶段，我会建议他依次阅读：

　　1. 论文《论人之观念》(Zur Idee des Menschen)，首次发表
在《总和》(*Summa*)杂志 1918 年号[①]，后被收入我的文章与论文
集《论价值的颠覆》(*Vom Umsturz der Werte*)，第 1 卷，第三版，
1927 年[②]，莱比锡："新精神"出版社。此外，还有我的论文：《道德
之建构中的怨恨》(Das Ressentiment im Aufbau der Moralen)(同
上书)。

　　2. 我著作中的相应段落：《伦理学中的形式主义与质料的价值
伦理学》(*Formalismus in der Ethik und die materiale Wertethik*)，
1913 年，第三版，哈勒：尼迈耶出版社，第 927 页。[③]此外，还有我
下面这本书中关于人的情感生活之特性的相应段落：《同情的本质
与形式》(*Wesen und Formen der Sympathie*)，第三版，波恩：柯亨
出版社。

　　3. 关于人与历史理论和社会理论的关系，可参见我的文章《人
与历史》(Mensch und Geschichte)，它于 1926 年 11 月发表在《新
评论》(*Neue Rundschau*)上，并且大概会在 1928 年秋天，作为单

---

　　① 作者此处标注有误，《论人之观念》最早发表于 1913 年，完整版发表于 1915
年。舍勒在其行文中屡有年份标注、标题抄录之类的细节错误。本书正文保存了舍勒
文本的原貌，译者通过译注补充了一些纠正信息。

　　② 该书第三版于 1923 年出版，这里的"1927"亦属笔误，应改为"1923"。

　　③ 此外，该书有待关注的还有这样一些段落：关于实在性之经验理论和知觉理论
(第 109 页以下)；关于对自然主义的人之理论的拒绝(第 278 页以下)；关于情感生活
的层次(第 340 页以下)；关于人格(第 384 页以下)。亦可按照该书第三版的详细术语
索引，参见其中"人""物理性的""心理性的"等关键词的内容索引。——原注

独小册子在苏黎世的新瑞士评论出版社出版；以及我的著作《知识形式与社会》(*Die Wissensformen und die Gesellschaft*)，"新精神"出版社，1926年。关于人、知识和教育的关系，可参见《知识之形式与教育》(*Die Formen des Wissens und die Bildung*)，波恩：柯亨出版社，1925年。

　　4. 关于人的发展可能性，我的看法在这篇演讲中得到了表达：《在来临着的均衡时代中的人》(Der Mensch im kommenden Zeitalter des Ausgleiches)，它将刊印在即将出版的文集中：《作为任务和命运的均衡》(*Ausgleich als Aufgabe und Schicksal*)，由政治高等学校编辑，"政治科学"丛刊，柏林：W. 罗特希尔特出版社，1928年。

　　1922—1928年间，我在科隆大学作了若干讲座，主题关乎"生物学基础""哲学人类学""认识论"，以及"形而上学"。在这些讲座中，我已经——远远地超出这里被给出的基础——以多重方式深入详细地呈示了我的研究结果。

　　我可以多少感到满足地确定，哲学人类学的问题在今天简直已经臻于德国一切哲学问题机制的中心了，并且远在哲学专业圈子之外的生物学家、医学家、心理学家、社会学家，也都在塑造着人之本质结构的一种崭新景象。

　　但尽管如此，人自身的疑难性在当前已经达到了在一切我们所熟知的历史中的最大程度。当人已坦然承认，他对于他是什么，比以往任何时候都更少地拥有一种严格的知识，并且对此问题之回答的任何可能性都不再让他害怕，在这一瞬间，那种崭新的真诚之勇气(*Mut der Wahrhaftigkeit*)似乎也就在他身上出现了，即要摆脱迄

今为止常见的那种受制于一种神学、哲学、自然科学之传统的束缚
（无论人对这种束缚是完全觉知的、半觉半知的，还是少有觉知的），
12 以崭新的方式提出这个本质问题，并且同时基于具体科学的强大财
富（这种财富是多种多样的关于人的科学所赢得的）来发展人的自
身意识和自身直观的一种崭新形式。

马克斯·舍勒

1928 年 4 月底

于美茵河畔的法兰克福

导论："人"之观念中的问题

倘若人们问一个受过教育的欧洲人，他在"人"这个语词当中想到了什么，几乎总会有三种彼此完全不可统一的观念领域，开始在他的头脑中进入相互间的紧张状态。首先是关于亚当与夏娃、关于创造、关于天堂和堕落的犹太-基督教传统的观念领域。其次是希腊-古典的观念领域，在此观念领域中，人的自身意识首次在世界中自行提升为一种关于人之特殊地位的概念，而且是在这一论题中自行提升的：人之为人，乃是通过对"Vernunft"（理性）、logos（逻各斯）、phronesis（明智）、ratio（理性）、mens（理智）等东西的具有。——logos（逻各斯）在这里既意指言说，也同样意指那种去把握一切事物之"本质所是"的能力。与这种观念紧密结合在一起的是这一学说：整个大全也是以一种非凡超人的（übermenschliche）"理性"为基础的，人分有这种非凡超人的理性，而且他仅仅是按其全部本质而分有这种理性的。第三种观念领域是事实上早已变成传统的现代自然科学和发生心理学的观念领域。按这种观念领域的看法，人乃是地球之发展的一种相当晚的最终结果[①]，是这样一种存在者，他只是在能量（Energien）与能力（Fähigkeiten）之混合的

[①] 原文如此。"一种相当晚的最终结果"的原文是"ein sehr spätes Endergebnis"。

复杂程度上，有别于其在动物世界中的早先形式，此类混合本身在低于人的自然中也已经出现了。这三种观念领域之间，任何一种统一性都是缺少的。我们因而就具有了一种自然科学的人类学、一种哲学的人类学，以及一种神学的人类学，这些人类学并不相互关心。但我们却并不具备一种统一的人之观念。研究人的特殊科学日益增多，但无论它们多么有价值，较之它们对人之本质的照亮，它们更多地是遮蔽了人之本质。倘若人们进而想到，上述三种传统的观念领域于今天在很大程度上被撼动了，尤其对人之起源问题的达尔文式解答也完全被撼动了，那么人们就能够说，在人之历史中从来没有一个时代像当前这样，人对于自身变得如此疑问重重。为此我已着手在最广阔的基础上为哲学人类学做出一种新的尝试。① 接下来我只想探讨若干要点，它们关乎人（处在与动物和植物之关系中的人）之本质，也关乎人的形而上学特殊地位。此外，我还将略提一下我业已达到之成果的一小部分。

　　"人"这个语词和概念就已包含着一种狡猾的二义性，若没有看透这种狡猾的二义性，人们就根本不能着手探讨人之特殊地位的问题。这个语词一方面应指示这样一种特征，即人在形态学意义上作为脊椎动物亚门-哺乳动物纲的一个子群② 所具有的特征。显而易见，如同这种概念构形的结果始终显示的那样，被称作人的这种生物不仅始终从属于动物这个概念，而且只构成了动物界的一个

---

① 全面探讨此问题的作品将在一年之内出版。——原注
② 按现代生物学分类法，人是一种动物界、脊索动物门、脊椎动物亚门、哺乳动物纲、灵长类猿猴亚目、类人猿超科、人科、人属、智人种的动物。

从比例上看相当小的角落。当人们和林奈① 一道把人命名为所谓的
"脊椎动物亚门-哺乳动物纲的顶点"时——顺便说一下，这种命名
在实质上和概念上都是相当有争议的——情形也依然如此，因为就
连这种顶点也和每一种事物的顶点一样都是归属于该事物的，它
乃是该事物的顶点。人之概念把直立行走、脊柱的改变、头颅的平
衡、人的大脑的巨大发展，以及直立行走所带来的器官改变（例如
能抓握的手［它带有可与其他手指相对的大拇指］、颌骨与牙齿等
东西的退化）给统括到人之统一性中了。完全独立于上述这种人之
概念，"人"这个语词——这同一个语词——在日常语言中并且在
一切文化民族中，还表示着某种如此完全不同的东西，以至于我们
几乎不能在人类语言中找到第二种具有类似二义性的语词。也就
是说，人这个语词也应表示这样一种事物之总念（Inbegriff）②，人们
把这一总念与"动物本身"（Tieres überhaupt）③ 概念予以极鲜明的
对置，因而也就是将其极鲜明地对置于一切哺乳动物和脊椎动物；
并且将其鲜明地对置于那些在同一种意义上的动物 ④，例如纤毛虫
纲喇叭虫属，尽管这一点几乎是无可争议的，即被命名为人的这种
生物在形态学、生理学和心理学意义上与黑猩猩有着无可比拟的

① 卡尔·冯·林奈（Carl von Linné, 1707—1778），瑞典博物学家，奠定了现代
生物学命名法之二名法的基础。

② "总念"，亦可译为"总体概念"。

③ "überhaupt"通常被译为"一般"，但这个词语意指的是作为整体而被考虑的一
般（即只考虑某种东西的整体自身而不考虑其中所包含的具体部分，参见《瓦里希词典》
对此词的词源分析），非"普遍性的"一般，因而实质上是作为整体被考虑的"自身""本
身"之意。本书中另一个明确证据参见后文对"痛苦本身"的论述。

④ "同一种意义"，即前面所说的"动物本身"。前后几句话的意思是，不仅将人
这一总念对置于脊椎动物，而且对置于无脊椎动物，亦即对置于"动物本身"。

类似性，这种类似性要远胜于人和黑猩猩各自与一种纤毛虫的类
似性。可以清楚看到，这第二种"人之概念"，较之第一种"人之概

16　念"，必然具有一种完全不同的意义和一种完全不同的本源，第一
种"人之概念"事实上只是表示了脊椎动物亚门的一个相当小的角
落。①我想把这第二种概念命名为人的本质概念，相反地，把第一
种概念命名为自然体系性的概念。这第二种概念给予人本身以一
种特殊地位，这种特殊地位与其他任何一种生命物种的特殊地位都
是不可比较的。这第二种概念究竟是否有一种正当性——这就是我
们这篇报告的主题。

---

①　为此可参见我的论文《论人的观念》，载于论文集《论价值的颠覆》，第 2 卷。
这里指出了，传统的人之概念是通过与上帝的相似性而被建构起来的，此概念因而已经
预设了作为关联之中心（Bezugszentrum）的上帝观念。——原注

第一章　心理物理性存在的等级秩序

唯当我们亲眼察看了生物心理性世界（biopsychischen Welt）的整个构造，人的特殊地位才能对我们变得清晰可见。在这个问题上，我是从心理的力量和能力的一种等阶秩序出发的，而科学业已逐渐突显了这些力量和能力。谈到心理性东西的界限，它的界限与有生命者本身的界限是叠合的。①某些东西被我们命名为有生命者（对于这些东西，我在此不能作更详细的探究，例如在空间和时间方面的自身运动、自身形成、自界区分、自身界定），在这些东西的客观的、本质现象的特性之外，存在着这一事实，即生物不只是外在观察者的对象，而且还具有一种自为存在和内在存在（*Fürsich- und Innesein*）②，在这种自为存在和内在存在中，它们意识到自身，这一事实乃是它们的一种本质性标志。它是这样一种标志，即人们能够就此指出，它与生命的那些客观现象在结构和运行形式上具有最内

---

① 这样的学说——即心理性东西首先是以"联想性记忆"开始的，或者首先是在动物中开始的，或者甚至首先是在人当中开始的（笛卡尔）——已被证明是错误的。但要把心理性东西归于无机物，却是任意专断的。——原注

② "Innesein"的字面含义是"内在存在"，日常语用意则是"意识到"。从语境看，这里应首先将此词的字面含义译出（以呼应前一句话"生物不只是外在观察者的对象"），故正文译为"内在存在"。后面作者紧接着使用了相关词语的语用意，即"意识到"（innewerden）。

在的存在结合（Seinsgemeinschaft）。

一　感觉冲动（植物）

心理性东西客观上（向外）呈现为"生物"，主观上（向内）呈现为"灵魂"。无意识的、无感知的（empfindungslose）、无表象的"感觉冲动"（*Gefühlsdrang*）构成了心理性东西的最低阶段。这个最低阶段同时是气，它推动着一切东西臻于精神活动最光明的高耸处，也为光明之善的最纯粹的思想行为和最轻柔的行为提供了活动能量。如同"冲动"[①]这个词业已道说的那样，"感觉"和"欲望"（"欲望"[②]本身始终具有一种"朝向"某种东西——例如营养、性满足等——的特殊的向度性和目标性）在其中还没有分离开来；一种单纯的"趋于"（例如趋于光明）和一种单纯的"离去"，即一种无客体的兴趣和一种无客体的忍受，是冲动的两种独有的状态。力中心和力场为意识彼岸的（transbewußten）形象[③]提供了基础，后者被我们命名为无机体。但感觉冲动已经与这些力中心和力场鲜明地区分开来；无机体在任何意义上都不具有一种意识觉察（Innesein）[④]。

---

① "冲动"原文为"Drang"，这个词亦可译为"欲望"或"欲求"。

② "欲望"原文为"Trieb"，兼有"本能"和"欲望"之意，通常被译为"本能"。舍勒对此词的使用有特殊考虑，进行了人为区分，多取其"欲望"之意，以区别于"Instink"（本能），详见本书后文。本书因而把"Trieb"统一译为"欲望"而非"本能"。

③ "意识彼岸的形象"亦可译为"超意识的形象"，但这种"超"乃是"超绝"意义上的超越。舍勒本人把"transbewußt"与"bewusstseinstranszendent"作同义使用。

④ 从语境看，这里宜按此词的语用含义来翻译，而不宜按其字面含义（"内在存在"）来翻译。参见此前注释。

我们必须并且可以把心灵的变化形成（seelischen Werdeseins）①
的第一阶段——如同此阶段在感觉冲动中呈现的那样——分配给植 18
物。②但这绝不意味着——绝非像费希纳所主张的那样——植物也
已具有了感知和意识。即便有谁像费希纳那样把"感知"和"意识"
视为心理性东西最为根本的基础成分——这种看法并不合理——，
他也必然会否认植物具有精神之振奋性。虽然植物的感觉冲动已
经是按照其媒介而被规整（hingeordnet）的，是按照"上"和"下"
的最终向度，即朝着光明和大地而被规整着适应其媒介的，但事实
上植物为之做出反应的，只是这些媒介性向度的未被特殊化的整
体，是在这些向度中的可能的阻抗和现实（这对于有机体生命是重
要的），但却不是对特定的环境成分和刺激的反应，只有特殊的感
官品质和形象要素才符合这些环境成分和刺激。例如，植物对光线
强度有特别的反应，但对于颜色和光线向度却漠然无殊。按照荷兰
植物学家布拉奥弗③新近的深入研究，人们不能把下述东西归于植
物：特殊的向性④、感觉、反射弧最微小的开端、联想、条件反射；而
且也恰恰因此不能认为植物具有什么"感官"，哈勃兰德特⑤在一项
深入研究中曾试图界定这一点。通过刺激而被激发的运动现象——
人们先前曾将它们与感官联系起来——现已证明是植物的一般生长 19

---

　　①　"心灵的变化形成"亦可译为"灵魂的变化形成"。

　　②　关于植物，人们有这样一种印象，即植物缺少一种内在状态（Innenzustand）。
这种印象仅仅是源自植物之生命进程的缓慢性。在慢镜头面前，这种印象就完全消失
了。——原注

　　③　布拉奥弗（Anton Hendrik Blaauw，1882—1942），荷兰植物学家。

　　④　向性属于应激性的一种，是指在单向的环境刺激下，植物或静止型生物的定向
运动反应。一般认为，植物的向性运动（例如枝叶的向光性）显示出植物的适应性。

　　⑤　哈勃兰德特（Gottlieb Haberlandt，1854—1945），奥地利植物学家。

运动的组成部分。

若我们问，感知的最一般概念是什么——在高等动物那里，通过内分泌腺而对大脑产生的刺激呈现了最原始的"感知"，这些刺激既是器官感知的基础，也是外在进程所传送的感知的基础——，则此概念就是生物的一种特殊反馈的概念，生物借助这种反馈，把瞬间性的器官状态和运动状态反馈给一种中枢和在紧接着的时刻跟着发生的运动的一种可调整性。在这种概念规定的意义上，植物并不具有感知，也没有超出那种依赖性（其生命状态对其以前整个发展情况的依赖性）的特殊"记忆"，也不具有真正的学习能力，而就连最简单的纤毛虫纲动物都已经令人吃惊地显示出了这种能力。那些臆想着认为植物具有条件反射和某种可训练性的研究，可能已经误入歧途了。就我们在动物那里称作欲望生命（*Triebleben*）的东西而言，在植物中，只有趋于生长和繁殖的一般冲动，而且这种冲动被含括在"感觉冲动"中了。生命在本质意义上并不是尼采所谓的权力意志，植物由此最为清晰地证明了这一点，因为它不具有任何自发的营养寻求，在繁殖上也没有对伴侣的主动挑选。它既不自发地选择其营养，在授粉中也不积极主动。它是通过风、鸟、昆虫而被动授粉的；并且由于它为自己准备的所需营养一般而言是从无机物中得到的，而无机物在某种意义上是到处都现成存在的，因此，植物就不必像动物那样在某个地方巡查以寻找营养。植物因而并不拥有动物那样自发的位置运动的活动空间，植物不具有特殊的感知，不具有特殊的欲望（Trieb）①，没有联想，没有条件反射，没有真正的力量系统

---

①　这里的"Trieb"亦不宜译为"本能"，参见本书前文注释。

和神经系统，植物乃是一种整体之缺乏，这应从植物的存在-结构来被十分清晰地和明确地把握。人们可以指出：倘若植物仅仅拥有上述东西中的一种，它也就必然拥有另一种，并且拥有所有其他东西。因为一种没有欲望冲动（Triebimpuls）的感知是不存在的，不能与一种运动行为一道开始的感知是不存在的，在力量系统（主动捕捉猎物、自发的性选择）缺失的地方，感知系统也必然是缺失的。动物有机体所具有的感官性质的多样性，绝不比动物之自发运动的多样性更大——并且前者乃是后者的一种功用。

　　"植物性"（pflanzlich, vegetativ）一词所刻画的生命的本质性向度是一种完全外向的冲动。那些亚里士多德早已知晓的植物与动物之间的多种多样的过渡现象表明，我们在此讨论的并不是经验性概念。我因此在植物这里谈到"出离自身的"（*ekstatischem*）[1] 感觉冲动，为的是说明植物完全缺少动物生命所特有的那种从器官状态到一种中枢的反馈，完全缺少生命向自身的反转进入，完全缺少对一种哪怕被如此虚弱地"意识到的"内在状态的一种哪怕如此原始的反-思（re-flexio）。因为意识是在感知的原始反-思中才首度生成，更确切地说，是在始终偶尔出现的、对源始[2]自发运动的阻抗（*Widerstände*）中才首度生成。[3] 但植物之所以能够缺少感

21

　　① "ekstatisch"语用意为"极度兴奋的、销魂的、出神的"，此处所谈为植物，因此按照语境酌情译为"出离自身的"；后文谈及动物处，仍译为"出神的"。

　　② 中译以"原始"来翻译德文的"primitiv"，以"源始"来翻译德文的"ursprünglich"。前者意指发展程度或阶段的低阶性，后者则强调了开端的本源性。若有例外，会另行标出。

　　③ 一切意识都奠基于忍受（*Leiden*），并且意识的一切高级阶段都奠基于增强着的忍受。——原注

知，原因仅仅在于，植物——生物中最伟大的化学家——自己从无机物中准备了它的有机建筑材料。它的实存（Dasein）^①因而开显在滋养、生长、繁殖，以及死亡中（植物的死亡指的是植物没有了种属的寿命）。但在植物的实存中就已经有了表达（*Ausdruck*）的原现象（Urphänomen），即植物内在状态的某种相法（Physiognomik）：衰弱的，有力的，茂盛的，贫弱的，等等。"表达"恰恰是生命的一种原现象，而绝不像达尔文所认为的那样是隔代遗传的目标行为的一种总念。相反，植物完全缺失的东西乃是通告功能（*Kundgabe*funktionen），我们在所有动物身上都能发现这类通告功能，这类功能规定了动物彼此间的一切交往，并且这类功能已经使动物在很大程度上不依赖于那些对动物有性命攸关之重要性的事物的直接在场状态（Anwesenheit）。但只是在人这里，才首次在表达功能和通告功能的基础上建立起符号的呈现功能和命名功能，这一点我们后面就会看到。除了缺少感知之意识，植物也缺少一切生命之"清醒状态"（Wachheit），这种生命之"清醒状态"是从感知的看守功能中生长出来的。此外，植物的个体化，即其在空间上和时间上的自成一体性的程度，也远小于动物的个体化。人们可以说，较之动物，植物在更高程度上为形而上学意义上的生命之统一性提供了保证，并且就自成一体的物质和能量复合物而言，植物较之动物在更高程度上为生命的一切形式构成（*Formbildungen*）之种类的逐渐生成特征提供了保证。那被达尔文主义者和有神论者毫无节制地过高评价的功利主义原则，无论是对植物的形式而言，还

---

^①　本书把舍勒语境中的"Dasein"和"Existenz"都译为"实存"，不作字面区分。前者是德文本土词语，后者是德文外来词语。

是对植物的行为方式而言，都根本不适用；拉马克学说[①] 也根本不适用。植物叶片部分的形式，较之动物在形式上和颜色上的丰富性，更为强烈地指示了生命的不为人知之根源中的一种充满幻想地游戏着的，并且仅仅以美学方式运作着的原则。一切群居动物都具有一种本质性的二重原则，即领头者和追随者、示范和摹仿的二重原则，但在植物中我们却找不到这种原则。由于植物生命缺少中心化，尤其是由于缺少一种神经系统，植物中的诸器官和器官功能的彼此依赖性，自然就比动物中的诸器官和器官功能的彼此依赖性更为密切。每一种对植物的刺激，由于植物所具有的传导刺激的组织系统，在很大程度上改变了植物的整个生命状态，其改变程度要大于每一种对动物的刺激所造成的改变。因此很难对植物做出一种 23 机械性的生命解释，其难度要大于对（一般）动物做出一种机械性的生命解释。因为伴随着动物序列中神经系统之中心化的增加，动物的部分反应之间的不依赖性也增加了——因而就有了某种接近机械结构的动物身体。

　　生命里面的第一个阶段，感觉冲动，在人身上也还现成存在着。我们将会看到，人事实上把实存（Dasein）本身的所有本质阶段，尤其是生命的本质阶段，给整合到自身中了，并且，至少按照本质领域来看，整个自然在人身上臻于自然之存在的最集中的统一性。无论是感知，还是如此简单的知觉，抑或表象，后面都有昏暗的冲动，

---

　　① 拉马克（Jean-Baptiste Lamarck，1744—1829），法国博物学家，生物学奠基人之一，最早提出生物进化学说，是进化论的先驱。他主张生物是从低级向高级发展进化的，复杂的生物由简单的生物进化而来。为了适应环境继续生存，生物物种一定要发生变异，"用进废退"和"获得性遗传"是拉马克学说的两大原则。

而且正是这种冲动用它那贯穿着睡眠时间和清醒时间的火焰来维持着这些感知、知觉和观念。即便最简单的感知，也一向是某种欲望性的注意力的功能，绝非只是刺激的后果。同时，冲动呈现了所有被多种多样地划分的人之欲望和激情的统一性。在新近的研究者看来，冲动可被定位在人的脑干中，而人的脑干很可能也是协调着身体进程和心灵进程的内分泌腺功能的中心位置。此外，感觉冲动在人身上也是那种最初的阻抗体验（Widerstandserlebnis）的主体。关于这种阻抗体验，我在别的地方已经深入详细地指出，它乃是所有对"实在性"和"现实性"之拥有的根源，尤其也是统一性的根源，是先行于一切表象功能的现实性之印象的根源。[①] 表象和间接的思想能够向我们表明的仅仅是这种现实性的本在（Sosein）[②] 和异在（Anderssein）；但现实性本身作为现实之物的"现实存在"，对我们而言却是处在一种与畏（Angst）连接在一起的一般阻抗中，或者说是被给予为一种阻抗之体验了。以器官学的方式来看，人身上那种首要地调节着营养分配的"植物性"神经系统——如同其名称

24

---

① 参见我的论文《劳动与认识》（Arbeit und Erkenntnis），载于：《知识形式与社会》，莱比锡，1926 年；以及《实在性问题》（*Das Problem der Realität*），波恩：柯亨出版社，1928 年。——原注

② "Sosein"常被人按照字面理解为"如此存在"，但其根本含义却是"本质"或"本质存在"（参见《杜登综合词典》（*Duden: Deutsches Universal Wörterbuch*）"Sosein"词条）。但此词同时也兼有"属性"之含义，因此如何译为中文向来是难题。孙周兴教授建议译为"本在"，倪梁康教授建议译为"如在"。本书决定沿用"本在"译名，以模糊兼容"本质"和"属性"两种向度。舍勒对"Sosein"（本在／本质）和"Dasein"（实存）的明确区分，参见本书边码 63。在那里同时也谈到了"一种偶然的本在"即属性意义上的"Sosein"。按照舍勒的看法，"属性"意义上的"Sosein"只是感性知觉对"本质"意义上的"Sosein"的某个角度上的观照，换言之，"本在"（Sosein）之所以既有"本质"含义又有"属性"含义，只是观察角度不同。

业已道出的那样——呈现了在人身上还现成存在着的植物性。在动物性神经系统（这种神经系统调节着外在力量行为）中的一种周期性的能量抽回——这种能量抽回有利于植物性神经系统——很有可能是睡眠状态和清醒状态之节奏的基本条件。就此而言，睡眠乃是人的一种相对意义上的植物性状态。

二　本能（动物）

　　本能（Instinkt）应被标识为第二种心灵本质形式，这种本质形式在生命的客观等阶秩序中紧随着那出离自身的感觉冲动。按照人们对本能的解释和本能的意义来看，"本能"乃是一个相当有争议的、昏暗的词语。我们通过下述方式避免了这种昏暗性，即：我们首先放弃了用心理学概念做出的一切定义，仅仅从所谓的生物之行为（Verhalten）而来对本能进行定义。一方面，生物 25 之行为是外在之观察和可能之描述的对象。但是另一方面，在变化着的环境成分中，这种行为却不依赖于生理学的运动单位（Bewegungseinheiten）而是可确认的，虽说正是生理学的运动单位承载着生物之行为。在说明生物之行为的特征时，即便不引入物理学的或化学的刺激概念，生物之行为也仍是可确认的。我们能够独立于并先于一切因果说明，在变化多端的环境成分中查明确认行为的统一性和变化，并由此赢得合法的 ① 关系，由于这些关系具有整体性的和合目的的（teleoklinen）特征，故这些关系已经是内

----

① "合法的"（gesetzlich），意即：合乎法则的，合乎规律的。

在具有意义的。"行为主义者"（Behaviouristen）的一个错误是，他们已经把行为之实现的生理学过程（*Hergang*）纳入到行为概念中了。行为概念富有价值的地方恰恰在于，它在心理-物理学意义上是一个中性概念。这意味着：每一种行为因而始终也是内在状态的表达。行为因而能够并且必须始终在双重意义上得到说明，即同时在生理学意义上和心理学意义上得到说明。让心理学的说明优先于生理学的说明，或让生理学的说明优先于心理学的说明，都是错的。在这种意义上，我们把一种行为称为本能的，如果这种行为具有下述特征：首先，它必须是合乎意义的，无论它是积极地富有意义的，还是欠缺意义的，抑或愚蠢荒谬的。也就是说，它必须如此这般地存在，即：它为了生命承载者之整体或为了其他生命承载者之整体，而是合目的的（或者是效力于本己，或者是效力于陌异）。

26　其次，它必须按照一种节奏（*Rhythmus*）运行。通过联想、练习、适应，以及按照那一原则——詹宁斯①曾把这种原则命名为"试错"原则——而赢获的同样富有意义的运动，却不具有这样一种节奏、这样一种时间形态（这种时间形态的诸部分相互要求着）。把本能行为方式回溯到那结合在一起的个别反射和反射链，这种做法已经被证明是不可能的（参见詹宁斯、阿尔维德斯②等人的研究）。意义关系（Sinnbeziehung）不需要对准当前的处境，毋宁说，意义关系也能指向在时间和空间上非常遥远的东西。例如，一个动物为了冬天或产卵准备了某种有意义的东西——尽管人们能够证明，这个动物

---

①　詹宁斯（Herbert Spencer Jennings，1868—1947），美国动物学家，詹姆士和杜威之实用主义的追随者。

②　阿尔维德斯（Friedrich Alverdes，1889—1952），德国动物学家、心理学家。

作为个体还从未经历过类似处境，而且这个动物也不可能是通过信息交流、传统以及对其他同类动物的摹仿（Nachahmung）和效仿（Kopieren）而做此事——，它的行为和量子理论所说的诸电子的行为是相似的，"仿佛"它预先看到了一种未来的状态。本能行为的另一种亦即第三种特征是：它只对这样一些典型地复返着的处境起反应，这些处境对于种类生命（Artleben）本身有重要意义，但对于个体的特殊经验并没有什么重要意义。本能始终是效力于种类的，无论其是本己的种类，还是陌异的种类，抑或这样一种种类，即本己种类与之有一种重要生命关系的种类（蚂蚁和蚁客；植物虫瘿的形成①；使植物受精的昆虫和鸟，等等）。这一特征使得本能行为首先与通过试错而进行的"自我训练"以及一切"学习"鲜明地区别开来，其次，这一特征使得本能行为与理智运用鲜明地区别开来。自我训练、学习，以及理智运用，首要地都是效力于个体的，而不是效力于种类的。本能行为因而绝不是对那种从个体到个体之间变化着的环境之特殊内容的反应，而向来都只是对可能的环境的一种十分特殊的结构、一种"种类-典型性"编排的反应。特殊内容能够被最广泛地替换，而本能却不会被迷惑或导致错误行为，但结构上最微小的变化都会导致迷惑。在法布尔的名著《昆虫记》中，他以极大的精确性给出了这些行为的一种令人倾倒的多样性。相应于这种对种类的效力，本能行为的第四个特征是：就其基本特性来看，本能是天生的和遗传的，而且是作为得到详细规定的行为能力本身是天生的和遗传的，而不只是作为对行为方式的一般赢获能力，这

27

---

① 虫瘿（Galle），是植物组织遭受昆虫等生物取食或产卵刺激后，细胞加速分裂和异常分化而长成的畸形瘤状物或突起，它们是寄生生物生活的"房子"。

里所说的一般赢获能力当然也就是可适应性、可训练性、理智性。天生性在这里并不意味着，应被命名为本能的这种行为必得在出生之后就立即运作起来，它仅仅意味着，这种行为被分派给特定的生长周期和成熟周期了，或许甚至被分派给不同的动物形式了（在多态现象中）。最后一点作为本能之特征是非常重要的：本能呈现了一种行为，这种行为不依赖于一个动物为了应对一种处境所作尝试的数量；在这种意义上，本能能够从一开始就被称作"完成的"。动物真正的组织不能被认为是通过微小的、有差异的变异步骤而形成的，同样地，"本能"也不能被认为是通过对成功进行的部分动作的相加而形成的。本能通过经验和学习或许是可被专门化的，例如人们在狩猎动物①之本能中看到，就狩猎动物之本能而言，对某个野生动物的猎取活动虽然是全然天生的，但成功施展狩猎的技艺却不是全然天生的。然而练习和经验在这里所做到的东西，却始终只是相当于对曲调的一种变奏，而并非对一种新曲调的赢获。一个动物所能表象和感知的东西，一般说来，是被这个动物的本能与先天的环境结构的关联所支配和规定的。这也同样适用于动物之记忆的再生产；动物之记忆的再生产始终是在动物之占优势的"本能任务"的意义上和框架内进行的，联想结合、条件反射以及练习的频繁性只是以次要方式才有意义。从发展史的角度来看，一切传入的神经束也只是在传出的神经束和有效器官得以布局之后才形成的。

　　毫无疑问，相较于被联想所规定的心理性复合体，本能乃是心理性的存在和发生的一种更原始的形式。本能因而并不像斯宾塞所认为的那样可追溯到行为方式（基于习惯和自我训练的行

---

① "狩猎动物"（Jagdtiere），这里指的是包括人在内的进行捕猎的动物。

28

为方式）的遗传。我们眼下应指出，心理性进程——它们遵循着
联想的合法则性——在神经系统中也比本能的行为方式处在显 29
然更高的定位上。相对于在生物学意义上有更统一和更深之定
位的行为方式，大脑皮层看上去在本质意义上乃是一种分离器官
（*Dissoziation*sorgan），而不是一种联合器官（*Assoziation*sorgan）。
但本能行为也同样不能被归为理智行为的一种自动化。相反我们
可以说，一方面是相对的个别感知和个别表象从混乱复合体中的出
离（以及在这些个别产物之间的联想结合），以及某种渴求获得满
足的欲望从行为的一种本能性的感官结合中的出离 ① ；另一方面是
理智的诸开端，这种理智试图让现在才空无意义的自动机械化再度
"人为地"变得有意义——这两个方面，从发生学角度来看，都是本
能行为的同样源始的发展产物。它们一般是以严格相同的步骤进
行着，既彼此相与，又伴随着生物的个体化，即个别存在者从种类
束缚性中的脱落，此外还与个体的特殊处境（生物是能够进入这些
特殊处境中的）的多样性保持着相同的步骤。创造性的分离——而
非个别部分的联合或综合——才是生命发展的基本进程。这在生理
学意义上也是同样适用的。有机体愈是被简单组织起来的，它在生
理学意义上与机械装置就愈不相似。但当死亡来临或出现了器官 30
的细胞形态（Zytomorphose）时，从现象上看，愈发多的机械装置式
产物就产生了。我们或许也可以证明，理智绝非像卡尔·布勒 ② 所
认为的那样只是在一种更高的生命阶段才走向联想性的心灵生命。
毋宁说，理智与联想性的心灵生命是严格地有规律地同时产生的，

---

① 关于舍勒语境中"欲望"与"本能"的区分，参见本书前文的注释。
② 卡尔·布勒（Karl Bühler, 1879—1963），德国哲学家，心理学家。

并且如同阿尔维德斯和布易滕蒂克最近指出的那样，理智绝非只是在最高等级的哺乳动物中才存在，而是在纤毛虫中就已经存在了。事情因而是这样的：那在本能中是僵硬的并受缚于种类的东西，在理智中却仿佛变成了灵活的，并与个体相关；那在本能中是自动的东西，在联想和条件反射中却变成了机械的东西，因而才变成相对无意义的东西——但同时也更加多样地变成可组合的。这也就可以使人理解，节肢动物在形态学意义上具有一种十分不同的和僵硬得多的组织之基础，却最完美地拥有本能，不过几乎不能从自身给出一种理智行为的迹象；相反，人作为可塑的哺乳动物之典型——在人这里，理智得到最高程度的发展，联想记忆也同样如此——拥有的却是严重萎缩的本能。倘若人们试图在心理上解释本能行为，则本能行为就呈现了一种不可分的预先-知道（Vor-Wissen）和行为的统一性，以至于行为的下一步被同时理解了，而绝不再有更多的知识被给予了。此外，存在于本能中的知识看上去并不是一种通过表象、形象甚或观念形成的知识，而只是一种对阻抗的感受，即对强调价值的、按照价值印象而多种多样的、有吸引力的和令人反感的阻抗的感受。与感觉冲动相比，本能虽然已经指向种类式的频繁复返着的东西，但事实上仍只是指向了环境的特殊成分。本能呈现了感觉冲动和感觉冲动之质的一种日益增加的专门化。像莱玛鲁斯[①]那样谈论本能中的"天生表象"，因而是没有意义的。

31

---

① 莱玛鲁斯（Hermann Samuel Reimarus, 1694—1768），德国哲学家，克里斯蒂安·沃尔夫的追随者。

三　联想记忆

有两种行为方式源始地出自本能行为，它们就是：合乎"习惯"的行为，和"理智性的"行为。其中，合乎习惯的行为乃是我们所区分出的第三种心理形式，它呈现了这样一种能力，我们将其称作联想记忆（Mneme［记忆］）。这种能力绝非像海宁[1]和赛蒙[2]所以为的那样，为一切生物所拥有。正如亚里士多德业已正确看到的那样，植物就缺乏这种能力。我们必须把这种能力判归给以下的每一种生物，这些生物的行为基于同类生物的早先行为，以一种效力于生命的因而富有意义的方式缓慢地和持续地变化着，以至于其各自之尺度——生命之行为正是在这种尺度中变得富有意义——都处在对尝试或所谓的尝试活动之数量的严格的依赖性中。动物本身进行了自发的尝试活动（自发的游戏活动也可归在此列），它进而倾向于重复这些活动，无论这些活动导致的是愉悦（Lust）还是不快（Unlust）——这并非基于记忆，毋宁说，这乃是一切再生产之前提，即一种自身生来就有的欲望（重复欲望）。动物的某些活动对于自身的某种积极的欲望满足而言是成功的，于是较那些失败的活动，动物此后就试图更频繁地重复这些成功的活动，以至于这些成功的活动在动物身上"固定"下来了——这就是我们用"成功与错误"之原则[3]来说明的那个基本事实。我们在哪里发现了这一事

32

---

① 海宁（Ewald Hering, 1834—1918），德国生理学家。

② 赛蒙（Richard Semon, 1859—1918），德国动物学家。

③ 此处"成功与错误"的德文原文是"Erfolg und Irrtum"，其含义大致与"尝试与错误"（Versuch und Irrtum）相同，即边码 26 提到的"詹宁斯的试错原则"。

实，我们就说那里存在着练习；哪里只关乎量的东西，我们就说那里存在着习惯之获得、自我训练之获得，或者当人介入的时候，我们就说那里存在着陌异训练之获得。如同我们业已指出的那样，所有植物生命绝不具有这些事实，并且也根本不能具有这些事实，因为植物事实上并不具有那种从器官状态向一个中枢的反馈，亦即不具有感知。一切记忆的基础乃是巴甫洛夫所说的"条件反射"。例如，一只狗并非只是当饲料进入其胃中才分泌某种胃液，而是，当它看见饲料时（或者听见饲养它的人的脚步时），它也已经分泌胃液了。当人在睡眠中臆想到他正在进餐时，他甚至就已经分泌消化液了。倘若人们在一种行为（这种行为是被一种刺激所引起的）发生的同时让一种信号多次响起，则在没有充分刺激的情况下，只要信号出现，就能出现相关行为。人们把这些事实命名为"条件反射"。只有那种在心理学上与条件反射相类似的东西才是所谓的"联想法则"。按照这种法则，当表象复合体的一部分在感官或运动机能的意义上被重新体验时，表象的整个复合体就会趋向于重建自身并且补充其缺失的环节。个别表象之完整而严格的联想——它只服从于接触和相似性的那一法则，亦即初始表象和早先复合体的部分的同一性（partieller Identität）——绝不会出现，正如局部得到规定的器官的一种完全孤立的、始终相同的反射绝不会出现一样；亦如一种严格与刺激成比例的感知（它独立于一切变化着的欲望态度和一切记忆材料）绝不会出现一样。因此，在一切联想法则那里，恰恰就像在物理学的自然法则（这些自然法则关乎整体进程）那里一样，事所攸关的很可能只是统计学的合规则性①。所有这些概念（感知、联

①　此处"合规则性"的德文原文是"Regelmaβigkeit"，需与"合法则性"（Gesetzmaβigkeit）区分开来。

想反射）因而具有临界概念（Grenzbegriffen）之特征，它们仅仅暗示了某种心理或生理变化的向度。与之接近，纯粹联想或许仅仅存在于思想性的高级因子（Oberdeterminanten）之完全确定的缺失现象中，例如存在于意念飘忽状态下的语言词汇的外在声响联想中。此外可以指出，心灵的表象进程在衰老中愈来愈多地接近于联想模式，正如文字、素描、绘画、语言的变化看上去是在老年中产生的，它们全都获得了一种增益相加的、非整体性的特征。与之相似，在衰老中，感知接近于与刺激成比例。恰恰如同身体有机体在生命进程中愈发产生一种相对的机械机制——直至它在死亡中完全沉入这样一种机械机制中——我们的心理生命也愈发产生出表象和行为方式之纯粹习惯性的结合：人在衰老中愈发变成习惯之奴隶。此外，个别表象的联想以发生学的方式追随着整体之联想，而整体之联想本身更接近于本能进程。恰如对事实状况的清醒知觉——而不带多余幻想或神秘加工——乃是心灵发展的一种晚期现象（对于个体或整个民族而言莫不如此），联想结合也是这样一种晚期现象。[①] 此外可以看出，几乎不存在完全没有理智影响的联想。绝不存在这样一种情形：从联想性的偶然反应到合乎意义之反应的过渡，严格地且持续地随着尝试的数量而增长。曲线显示出的几乎总是不稳定性，而且是在这种意义上，即从偶然到意义的转向，相较于纯粹的试错原则按照概率规则可以期待的东西，早已更早地出现了。

　　记忆原则在某种程度上已经运作于所有动物当中，并且呈现为反射弧产生后的直接后果，呈现为感觉中枢系统和运动机能系统分

---

　　① 　为此可参见我的文章《知识社会学》（Soziologie des Wissens）与《劳动与认识》，载于《知识形式与社会》（莱比锡，1926 年）。——原注

离后的直接后果。但在传播中却出现了巨大的区别。具有链环状封闭结构的、典型的本能动物最没有显示出记忆原则；具有更可塑的、较不僵硬之组织的动物，具有总是从部分动作中组合成常新(je neue)动作的巨大广阔的可组合性之动物(哺乳动物和脊柱动物)，则最为鲜明地显示出记忆原则。记忆原则从其出现的第一瞬间起，就基于激情表达和同类生物的信号而与行为和动作之模仿密切相关。"模仿"和"仿效"只是那种重复欲望(Wiederholungstrieb)的专门化，这种重复欲望首先是面对本己的行为方式和体验进行的，并且在某种程度上可以说是一切再生性记忆的动力。通过两种现象的结合，才首次形成了"传统"(Tradition)这一重要事实。通过同类生物之生命的过去，传统为生物学遗传添加了动物行为规定的一种全新维度。但另一方面，这个传统必须与一切对过去事物的自由觉知的记忆(Anamnesis[重新忆起][1])、与基于标志和原始资料以及文件的一切流传(Überlieferung)最为鲜明地区分开来。[2]这后几种形式的流传只为人所特有，而传统则早已在动物的群落、群体以及其他社会形式中出现。即使在这里，群体也在"学习"先驱所示范的东西，并且能够把它流传给后代。某种"进步"早已通过传统而成为可能。但一切真正的人类进步本质上都依据于对传统的一种日益增强的解构(Abbau)。对个别的、被一次性地体验的事件的清醒"记忆"，以及多种记忆行为相互持续认同为对同一种过去

---

① "Anamnesis"这个词语源自柏拉图哲学，意指灵魂回忆起它诞生之前(即灵魂与肉体结合之前)所看到的真理。参见《杜登外来语词典》(Duden: Das Fremdwörterbuch)。

② "Tradition"和"Überlieferung"都意为"传统"，前者来自拉丁语，后者是德语的本土词语。舍勒在这里对这两个词语的含义作了人为区分。为在译名中呈现舍勒所做出的区别，中译本将"Überlieferung"译为"流传"。

之物的记忆行为（这种认同很可能只为人所特有），始终是鲜活传统
的消融，是对鲜活传统的真正杀死。对我们而言，传统的内容尽管
始终是被"当前地"给予的，但在时间上却是未被标明日期的；尽
管它们表明它们对我们当前行为或许是有影响的，但它们本身却未
在这种情况下在某种时间间距中变成对象性的。过去在"传统"中
对我们的暗示影响（*suggeriert*）要多于我们所知道的。暗示影响乃
是一种在动物世界中就已广为传布的现象，按照保罗·施尔德① 的
看法，催眠术很可能也是如此。催眠术或许是作为交配的辅助功
能而形成的，并且或许首先效力于这一目的，即把雌性动物置入一
种昏睡状态中。例如，相对于对一种判断的"传达"（判断之事态　37
［Sachverhalt］本身是在"理解"中被把握的），暗示影响乃是一种
原初（primäre）现象。这种对所说事态的"理解"——这些事态是
在一种语言命题中被判断的——仅仅在人当中存在。人类历史中日
益推进着对传统威力的解除活动。它是一种理性之成就，理性始终
在同一种行为中客观化了一种流传下来的内容，并由此仿佛把这种
内容抛回到它所归属的过去中了——因而为不断更新的发明和发现
释放了基础。类似地，在历史中，那种压力——传统对我们的行为
前意识地施加的压力——通过进步着的历史科学而愈发减少了。联
想原则的效用在心理世界的结构中同时意味着本能及其"觉知"方
式的衰颓，正如有机生命的那种情形，即有机生命愈是中心化，它
同时就愈发机械化。此外联想原则的效用还意味着，有机个体从种

---

　　① 　保罗·施尔德（Paul Schilder, 1886—1940），奥地利精神病学家、精神分析学
家和医学研究员。他是弗洛伊德创立的维也纳精神分析学会的成员，但偏离了公认的
精神分析学说（特别是关于死亡驱动力的存在），开始将精神分析理论整合到精神病学
中，被认为是团体心理治疗的创始人之一。

类束缚性中愈发脱离出来，从无适应能力的本能之僵化状态中愈发
脱离出来。因为只是通过这种原则的进步，个体才能适应那些不断
更新的亦即非种类之典型的处境，当此原则不再只是繁殖进程的转
折点时，它就停止了。

　　因此，与技术性理智相比，联想原则乃是僵化和习惯的一种相
对的原则——一种"保守的"原则，然而它与本能相比却已经是一
38　种强有力的释放工具。它造就了使生命得以变得更丰富的那些可
能性的一种全新维度。这也适用于欲望。相对而言，从本能解缚出
来的欲望已经显现在高等动物身上了①，并且无尺度性的界域也由
此显现出来了——欲望已经在此变成了可能的性欲源泉，而不依赖
于生命需求的整体。例如，只要性冲动被埋置入与自然变化一道进
行的发情期的深沉节奏中，性冲动就是生命坚定不移的仆人。从本
能节奏中解释出来的性冲动愈发变成了性欲②的独立源泉，并且业
已在高等动物尤其是在驯养动物那里，蔓生遮掩了其实存的生物学
意义（例如猿和狗等动物的手淫）。欲望生命源始地和彻底地定向
于行为方式和善，而绝非定向于作为感觉的性欲。倘若欲望生命在
根本上被用作性欲源泉，如同在一切享乐主义那里，则我们就是在
谈论一种生命后期的颓废现象。纯粹定向于性欲的生命态度乃是
个体和民众生命的一种显著突出的老年现象，正如"好饮贪杯"的
年老酒徒与色欲中类似现象所证明的那样。高等和低等心灵的功

---

　　①　"Trieb"兼有"本能"和"欲望"等含义，舍勒对此作了人为区分，即多取其"欲
望"含义，以与"Instinkt"（本能）区分开来。舍勒把欲望理解为从本能中解缚出来的更
高的、有意义指向的东西，而后者（本能）却可能是完全没有意义的。

　　②　德文"Lust"有多种含义。在"Lust"与"Unlust"并置时，一般指情绪上的愉
悦与不愉悦，可见本书边码32。此处根据上下文语境，指的是"性方面的欲求"，故而
将"Lust"译为"性欲"。

能愉悦（Funktionsfreuden）与欲望满足的状态性欲（Zustandslust）的分离，以及状态性欲对生机勃勃的和精神性的功能愉悦的蔓生遮掩，也同样是一种老年现象。但只有在人身上，欲望与本能行为的可分离性，以及功能性欲与状态性欲的可分离性，才取得了最为令人难以置信的形式，以至于人们曾经合理地说道，人始终只能是多于或少于动物，但从来都不能就是——一种动物。

四　实践理智（高等动物）

如同我在前面业已略提过的那样，在自然让联想记忆的这种新的心理形式从自身中形成之际，它也同时已把针对联想记忆之危险而来的调整措施一道置入这种能力的最初禀赋中了。并且这种调整措施不是别的，就是心理生命的第四种本质形式——在原则上还有机地受到约束的那种我们所谓的实践理智。与实践理智密切相连、一道而来的是选择能力和选择行为，此外还有繁殖进程中（爱欲开端处）对于善或者对于同类事物的优先选择能力。

我们也可以先不着眼于心理进程，来对理智行为做出定义。当一种生物没有进行尝试或没有增加新的尝试，就在新的、既非种类典型性的也非个体典型性的处境面前，完成一种有意义的——不论是"聪明的"，还是虽错过目标但可看出仍在努力追求着的，即"愚笨的"——行为，而且是突然地、首先不依赖于先前所作尝试的数量，来解决一种在欲望上得到规定的任务，则这种生物就是在理智地"行为"。我们在下述意义上谈论有机地受到约束的理智，即生物所采取的内在的和外在的做法都效力于一种欲望冲动和一种需

求。此外我们也把这种理智称作实践性的，因为它的最终意义始终
是一种行为，通过这种行为，有机体要么取得，要么错失其欲望目
标。① 但倘若我们转到心理方面来，我们就能把理智定义为对环境
中的内在关联着的事态和价值状态的突然涌现出的洞见，这种事实
情况和价值情况既非直接可觉知的，也向来未被觉知，也就是说，
不是以再生产的方式可支配的。以正面的方式来表达即：此洞见是
对一种基于关联结构的事实情况的洞见，这种关联结构的基础，一
部分是在经验中被给予的，其他部分则是在表象中（例如在视觉直
观的某个阶段中）以预期的方式被添加补充的。因此，对于这种并
非再生性的而是创造性的思想而言，预期——亦即对一种新的、从
未体验过的事态的先行拥有（prudentia［明智］②、providentia［预
见］、机敏［Schlauheit］、机智［List］③）——始终是标志性的。与
联想记忆的区别在这里显而易见了：有待被把握的处境（在行为中
这种处境应得到实际考虑），不仅对于种类是新的和非典型的，而
且首先也对个体而言是"新的"。此外，这样一种客观的、有意义的
41　行为是突然发生的，在时间上先于新做的尝试，而且不依赖于此前
所作尝试的数量。这种突然性也在某些措辞，尤其是与眼睛相关的
措辞中得到表达，例如"眼睛一亮"这一说法，沃尔夫冈·科勒④曾

---

① 这同一种理智在人身上也能被置于对特殊的精神性目标的效劳中，唯有如此
它才提升自身超越了精明与狡诈。——原注

② 这个拉丁文词语亦有"预见"之意。

③ List 的日常语用意是"狡猾、狡诈、诡计"，但其词根源始含义是"知识"（参
见《杜登综合词典》）。从语境看，作者在这里应该是用了此词的源始含义而非日常含
义。故酌情译为"机智"。

④ 沃尔夫冈·科勒（Wolfgang Köhler, 1887—1967），德国心理学家，格式塔理
论学家，1914—1920 年间是位于特内里费岛的普鲁士科学院类人猿观测站的负责人。

非常生动地把它解读为对"啊哈体验"（Aha-Erlebnis）①的表达。此外，并不是同时被给予我的那些体验的结合引致了新的、包含一种任务之解决的观念，也不是环境之固定的、典型的、重现着的形态结构导致了理智行为，毋宁说，那仿佛是被欲望目标所挑选出的周围环境诸部分彼此间的实事关系（Sachbeziehungen）②，才导致了新的观念：例如相同、相似、与 X 的类似这类关系，为获得某物的手段之功用，某物的原因，等等。

　　动物，尤其是最高等的类人猿、黑猩猩，是否已抵达这里所描述的心理生命阶段，关于此问题，在今天还存在着一种错综复杂的、尚未解决的科学争执，我在这里只能浮光掠影地触及这种争执。在特内里费岛的德国实验站，沃尔夫冈·科勒以惊人的耐心和创造性对黑猩猩进行了长期实验，自从其成果在《普鲁士科学院论文集》中发表以来，这种争执就未沉寂过，几乎所有的心理学家都参与了这种争执。在我看来，科勒完全有理由认为他的实验动物具有最简单的理智行为。其他的研究者们则质疑这些动物是否具有最简单的理智行为——他们中几乎每个人都试图用其他的根据来 42支撑那个古老的学说，即动物所具有的仅仅是记忆和本能，即便是作为（不带符号的）原始推论的理智也已经是人所垄断的。科勒的实验是这样进行的：在欲望目标（例如一种果实，比方说香蕉）和动物之间渐增地插入更复杂的弯路，或障碍，或可用作可能之"工具"的物品（箱子、棍子、绳子、若干可交错推成一堆的棍子、首先需要弄过来或为此而做准备的棍子），以便观察动物是否知道如何

---

　　① 此术语亦可译为"突然醒悟之体验"。语气词"Aha"（啊哈／噢）在这里表示突然之醒悟。

　　② 此处"实事"对应德文为"Sach"，亦可译为"事质"。

取得其欲望目标，与之相伴的是何种可能的心理功能，以及在这个问题上动物成就能力的特定界限存在于何处。在我看来，这些实验清楚地证明，动物的成就不能全部从本能和为此出现的联想进程中推导出来，毋宁说，它们在一些情况下存在着真正的理智行为（*Intelligenz*handlungen）。看上去在这种被实践地-有机地牵制着的理智中存在的东西，可以被简要地概述为：当欲望目标（例如一个水果）在视觉上向动物显亮起来，而且鲜明地区别于视觉的环境领域并获得独立时，动物所处的环境中所包含的一切被给予性，尤其是动物和环境之间的整个视觉领域，就发生了独特的改变。在其事实关联中就形成了一种结构，获得了这样一种相对"抽象"的形貌：

43　事物，就其自身来看，或者显现为无关紧要的，或者显现为某种"可咬之物"，某种"可玩之物"，某种"可栖息之物"（例如一个覆盖物，动物从其栖息空间中取出它，以便把一种不可直接取得的、位于笼子之外的果实拉到近处），于是就获得了"去取得果实的事物"这样一种动力性的关联特征。因此，实际的棍子并非仅仅是与树枝相似（在动物日常的树上生活中，果实就悬挂在这些树枝上），若认为只是相似使然，则动物对棍子的使用就还是会被解释为本能；相反，动物也使用一根金属丝，一个草帽帽檐，一根秸秆，一个覆盖物，简言之，动物使用的乃是所有能实现这一抽象观念的东西，即"可以活动并且能够伸长"的东西。这就是动物自身中的欲望动力，它开始在这里使自身具体化并且将自身扩展到环境成分中去。然而，动物使用的物品所包含的仅仅是"为接近果实所用之物"的临时性的、动力性的功用价值。对动物而言，绳子和棍子本身看上去是朝视觉上被给予的目标"指"过去的，倘若不是向之而运动的话。因果现象或者说效用现象，绝不是在现象的一种合规则的彼此相继中开显的，我们或许可以在这里对此现象的最初本源进行仔细观察。"效用"（Wirken）①因而是这样一种现象，它存在于对生物之被体验到的欲望行为的因果性的具体化过程中（亦即将其具体化到环境之事物中去），并且在这里与"手段"之存在还是完全一致的。诚然，这里所描述的结构改造（Umstrukturierung）并不是通过有意识的反思活动而发生的，而是通过对环境现实本身②的一种生动直观的、事实性的"转换"（Umstellung）而发生的。动物之天赋与这种行为的巨大差别此外还证实了这些行为的理智特征。与之类似的也适用于选择和选择行为。若认为动物不具有选择行为，并且认为驱动着动物的始终只是那向来"更为强烈的"个别欲望，这就错了。动物不是什么欲望的机械装置。这不只是因为，它的欲望冲动已经按照支配性的高级欲望、执行性的低级欲望，以及辅助欲望得到鲜明划分，还已按照追求更普遍成就的欲望和追求更特殊成就的欲望而得到鲜明划分；而且还因为，它此外也能够从其欲望中心而来自发地嵌入其欲望局势，并且能在某种范围内规避举手可得的好处，以便获得那在时间上更为遥远的、并且只有通过弯路才能被赢得的、但却更为巨大的好处。动物肯定不具有的东西，首先是那种在价值本身之间的优待行为——例如较之惬意的东西而优待有用的东西——并且这种优待行为并不依赖于个别的、具体的物品物件。较之理智上的关联，动物在所有情感性东西中甚至还要更为接近人。赠礼、抚慰、友谊，以及类似的东西，人们在动物身上就已经能够找得到了。

44

---

① "Wirken"（效用），亦可译为"起作用"。

② "环境现实本身"（Umweltgegebenheiten selbst），亦可译为"环境之被给予性本身"。

第二章 "人"与"动物"的本质区别

在这里，对我们整个疑难问题而言具有决定性意义的问题就提
⁴⁵ 出来了：如果动物也具有理智，则人和动物之间除了这种仅仅是程
度上的区别之外，究竟是否还有更多的区别？还存在一种本质区别
吗？或者说，除了迄今为止被探讨的本质阶段之外，人身上还有某
种完全不同的东西吗，即某种为人所特别拥有的东西，这种东西根
本未被选择和理智所切中和穷尽？

诸道路正是在这里最为鲜明地区分开了。一部分人想要将理
智和选择保留给人，并且否认动物具有这些东西。因此，他们虽然
主张存在一种本质区别，但他们却恰恰是在那里，即在我看来根本
不存在什么本质区别的地方，而认为存在一种本质区别。另一部分
人，尤其是达尔文学派和拉马克学派的所有进化论者，与达尔文、
施瓦贝 ① 以及科勒一道，否认人和动物之间存在一种最终区别，他
们的理由恰恰是，动物也已经具有理智了。他们因而恰恰是以某种
形式依赖于那个伟大的关于人之统一性的理论——这种理论被称作
"制作之人"（homo faber）② 理论——并且他们显然不知道人的形而

① 施瓦贝（Gustav Schwalbe, 1844—1917），形态学家和解剖学家。

② "homo faber"意指这样一种人，他能够为自己制造工具和技术性辅助手段，以
便掌握和开采自然。亦可意译为"劳动之人"。

上学的存在和人的形而上学，也就是说，他们不知道人如此为人所具有的那种与世界根据的突出关系。

就我而言，我必须极为坚决地拒斥这两种理论。我认为：人之本质以及人们可以命名为人之特殊地位的那种东西，高高地凌越于人们称作理智和选择能力的东西，即便人们在量上任意地，甚至无限抬升地对这种理智和选择能力加以想象，它们也还是够不着人之本质和人之特殊地位。① 但倘若人们把这种崭新的、使人成为人的东西，仅仅思为一种在迄今为止的心理阶段（感觉冲动、本能、联想记忆、理智和选择）之后附加出现的新的本质阶段（这个本质阶段乃是心理上的、归属于生命力领域的诸功能和能力的新的本质阶段，它因而还是应在心理学权限中得到认识），这也是错误的。这个使人成为人的新原则，处于所有我们能够在最宽广意义上将其称作生命（内在心理的生命或外在生命力的生命）的东西之外。这个使人成为人的原则，乃是一种对置于一切生命本身的原则，人们根本不能把这个原则本身归于"自然的生命演化"，毋宁说，这个原则倘若要归于某种东西的话，就只能归于诸物本身的最高根据，亦即归于这一根据，就连生命也是它的部分-显示（Teil-Manifestation）。希腊人早就主张了这样一种原则，并将其命名为"理性"。② 我们更想用一个更加全面的词语来表达这个 X，亦即想用这样一个词语，

46

---

① 在一个聪明的黑猩猩和爱迪生（爱迪生在这里只被当作技术专家的代表）之间仅仅存在着一种——虽然非常巨大的——程度区别。——原注

② 为此可参见斯坦策尔在《古典》（*Die Antike*）杂志上发表的论文《希腊人那里的精神概念之本源》（Der Ursprung des Geistbegriffes bei den Griechen）。——原注

（斯坦策尔（Julius Stenzel, 1883—1935），德国古典语文学家、哲学家。——译者）

它无疑一并包含了理性概念，但除了观念思想之外也还含有某种类
47 型的直观，即对原现象或本质内容的直观，此外还一并包括了某类
还有待做出特性刻画的情感行为与意志行为，例如善、爱、后悔、
敬畏等等——这就是精神一词。但精神在有限的存在领域中显现于
其中的那个行为中心（Aktzentrum），我们想要称之为人格（Person）。
这个行为中心鲜明地区别于一切功能性的"生命"中心，从外向内
看去，后者也叫作"心灵"（seelische）中心。

一　"精神"之本质
——自由，对象存在，自我意识

但这个"精神"，这个新的并且如此具有决定性的原则，究竟是
什么？以一个词语便引起如此多的胡言乱语，这很罕见。"精神"是
这样一个词语，在它之中只有少数人思考了某种确定的东西。倘若
我们把一种特殊的知识功能，即一种唯有精神才能够给出的知识，
置于精神概念的顶端上，则一种"精神性"存在者的基本规定就是，
它在摆脱禁令、摆脱压力、摆脱对有机物的依赖性、摆脱对"生命"
以及一切属于"生命"之物的依赖性，亦即摆脱对生命之特有的欲
望性理智的依赖性之际，所具有的那种实存性的解缚性、自由、可
解脱性——或者说，这就是其实存中心（Daseinzentrums）的解缚性、
自由、可解脱性。这样一种"精神性的"存在者不再是被欲望牵制
的或被环境牵制的，而是"环境自由的"（umweltfrei）①，并且如同

---

① "环境自由的"，亦可译为"周围世界自由的"，意思是，自由于环境，自由于周

我们想要命名的那样, 它乃是世界敞开的(*weltoffen*)。这样一种存在者拥有"世界"。这种存在者能够把那些源始地被给予它的、它的环境的"阻抗中心"和反应中心——动物乃是出神地(*ekstatisch*)散开到这个环境中[1]——给提升为"对象", 它能够原则性地亲自把握这些"对象"的本在(Sosein)[2], 而没有那种限制, 即对象世界或其现实情况通过充满活力的欲望体系以及先于欲望体系就已落成的诸感官功能和感官所经验到的那种限制。

精神因而乃是实事性, 是可被实事本身之本在所规定的规定性。[3]此外, 这样一种存在者乃是精神的"承载者"。它与它自身之外的现实的根本交往在动力学意义上是与动物完全相反的。

在动物那里——无论它是高度组织化的还是低度组织化的——它所做出的每一种行为, 每一种反应, 包括"理智的"行为, 都是出自其神经系统的一种生理学状态, 而它的神经系统在心理方面乃是归入欲望冲动和感官知觉的。这种欲望所不感兴趣的东西, 也就不被给予, 而被给予的东西, 仅仅是作为对其渴求和憎恶而言的阻抗中心而被给予的。生理和心理状态的起点因而始终是动物对待其环境的行为之戏剧的第一幕。动物的环境结构(Umweltstruktur)精

48

(接上文)围世界。在舍勒看来, 动物只有环境, 而无能于把环境(Umwelt)变成"世界"(Welt)。因此, 尽管"Umwelt"的字面意是"周围世界", 但在动物这里, 一般还是译为"环境"为宜。在人这里, "Umwelt"则既可译为"环境", 又可译为"周围世界"。

    ① 这句话的意思是: 作为精神性存在者, 人能够把其环境中的阻抗中心和反应中心提升为对象, 相比之下, 动物只是出神地散开到这个环境中。

    ② "Sosein"的译名释义参见本书边码24对应的注释。

    ③ 此处"实事性, 是可被实事本身之本在所规定的规定"对应德文"Sachlichkeit, Bestimmbarkeit durch das Sosein von Sachen selbst"。其中, "事实性"(Sachlichkeit)亦可译为"事质性", 其他相关的衍生词亦如此。

确且完全自成一体地适应于其动物生理学的特性，并间接适应于其
动物形态学的特性，此外也适应于动物的欲望结构和感官结构，这
些结构构成了一种严格的、功能上的统一性。动物就其环境所能把
握和觉察到的一切，都存在于其环境结构之可靠的藩篱与界限中。

动物行为戏剧的第二幕，是动物对其环境之真实改变的某种设定，
动物是在定向于其主导性的欲望目标之际，通过其反应而做到这
一点的。第三幕则是由此而被一道改变的生理学的和心理的状态。
这样一种行为的进程因而始终具有这一形式：

$$动物 \rightleftarrows 环境$$

但一种具有精神的存在者，是有能力做出这样一种行为的，这
种行为具有一种精确对置的运行形式。这种崭新戏剧亦即人之戏
剧的第一幕是：一种直观复合物被提升为对象了，它的纯粹的本在
首先激发了行为，并且这在根本上不依赖于人之有机体的生理学状
态，不依赖于人的欲望冲动，也不依赖于恰恰在这些欲望冲动中闪
亮着的、始终由情况决定的、因而在视觉或听觉等感觉上得到规定
的周围世界的感性外表。人之戏剧的第二幕是：对一种首先被抑制
的欲望冲动予以自由的、出自人格中心的限制或解除限制。第三幕
是对事物之对象性的改变，这种改变被体验为自身就是具有价值的
并且是定局性的。这种"世界敞开状态"（Weltoffenheit）因而具有
下述形式：

$$人 \rightleftarrows 世界 \rightarrow \rightarrow \cdots\cdots$$

这种行为，在其一度现成存在的地方，依照其本性是能够无限扩展的——但也恰恰只能达到现成事物的"世界"。人因而是这样一种 X，它能够在无限的尺度中"世界敞开地"行为。但动物却没有什么"对象"，它只是出神地（ekstatisch）、融入式地活在其环境中，它走到哪里，就把这个环境作为结构而承载着带过去，就像一个蜗牛背着它的壳。动物因而不能做到对"环境"予以特有的远置（*Fernstellung*）和名词化（*Substantivierung*），使"环境"（*Umwelt*）50 成为"世界"（*Welt*），同样也不能把那些被激情和欲望所界定的"阻抗"中心转变为"对象"。我想要说的是，动物本质上黏附于且卷缠在与其有机状态相应的生命现实中，向来都不能把这种生命现实加以"对象化地"把握。对象-存在（*Ggenstand-Sein*）因而是"精神"之逻辑方面最为形式化的范畴。植物之无感知、无表象、无意识的感觉冲动乃是绝对出离自身地、融入式地活在其媒介中，完全没有把有机体的特有状态向内在进行反馈。无疑，动物不再像植物这样活了。我们曾看出，动物通过感知与运动机能的分离，并通过持续的对其身体图式（*Leibschema*）及其感觉内容的反馈，仿佛被归还给自身了。它具有一种身体图式；但在环境面前，动物却始终还是出神地行动着，即便当它"理智地"行动之际，也还是如此。

相反，精神行为——无论人如何实行这种行为——却对立于动物的这种简单反馈（对动物身体图式及其内容的反馈）而本质性地结系于反-射行为（*Re-flexakt*）的第二种维度和阶段。我们想要合并聚集这种行为及其目标，并把这种"聚集"的目标命名为精神行为中心对自身的意识或"自身意识"。动物有别于植物，因而无疑是有意识的，但正如莱布尼茨业已看到的那样，动物是没有自身意

51 识的。动物不具有其自身,不支配其自身,因此也就未意识到其自
身。聚集,自身意识,以及把源始的欲望阻抗(Triebwiderstand)变
成对象的那种能力和可能性,因而就构成了一种独一无二的、不可
撕裂的结构,这种结构本身仅仅为人所特有。伴随着这种对自身之
意识的形成,伴随着这种新的对其实存的弯回(Zurückbeugung)和
中心化,人的第二种本质特征也就立即被给出了:人不仅能把“环
境”(Umwelt)扩展到“世界”之在(“Welt”-sein)的维度中去并把
“阻”抗加以“对”象化,而且也能——这是最值得注意的地方——
把他特有的生理学的、心理的性状和每一种个别的心理体验本身加
以对象化。仅仅为此之故,他也能抛置其生命使其脱离自身。动物
听和看,但却不知道这一事情,即它在听和看。我们必须思考一下
人的那些非常罕见的出神状态。在平息着的催眠状态中,在对某些
麻醉剂的服用中,此外在使用了某些使精神钝化的技术(例如一切
艺术之恣意放纵的狂热)的前提下,我们发现了人之非常罕见的出
神状态,这可使我们在某种程度上能设身处地地理解动物的日常状
态。动物也并不把它的欲望冲动体验为它的欲望,而是体验为出自
环境事物本身的动力特征和排斥。甚至原始人——他在某种特性上
与动物还是接近的——也并不说,“我”厌恶这个东西,而是说,这
52 个东西“是禁忌”(ist tabu)。动物并没有一种比欲望冲动及其变化
更经久的“意志”(这种意志能够在其心理-物理状态的变化中还能
保持持续性)。在某种程度上可以说,一个动物所到达的地方,始
终有别于它本来“想要”到达的地方。当尼采说“人是能够允诺的
动物”时,他说的既深刻又正确。

　　从上述论述可以得出,存在着四种本质阶段,在这些本质阶段

中，一切存在者都是在同其内在存在和自身存在的关联中向我们显现出来的。无机物根本没有这样一种内在存在和自身存在 [①]；它们因此也不具有那种中心，即在存在者层面上(ontisch)归属于它们的中心。在这个对象世界中被我们称作物体单位(Einheit)的东西，小到分子、原子、电子，仅仅取决于我们的那种权力，即我们在现实中或在观念中去划分物体的权力。每一种物体单位都只是相对于它对其他物体之作用的某种合法则性才是物体单位。与之相反，一种生物始终是一种存在者层面的中心，并且始终自身构成了"它的"时空性的统一性和个体性。这种时空性的统一性和个体性并不源于我们那种本身在生物学意义上被引致的统合活动的恩赐：生物是一种自己界定自身的 X。但那些非空间性的、设定着时间中的延展现象的力量中心——我们应把它们视为物体形象的基础——乃是相互作用的力量之点(Kräfte-Punkte)的中心。正是在这些力量之点中，一个场域的诸多力线(Kraftlinien)交汇了。为植物的感觉冲动所特有的是这样一种中心和这样一种媒介，即生物在其生长之际被相对敞开地置入其中了，但却没有对其不同状态的反馈。不过，植物确实具有一种"内在存在"本身，并因而具有生气。在动物中，感知和意识是现成存在的，动物有机体状态的一种中心性的反馈位置因而也现成存在于动物中；它因而已经是第二次被给予了。但人在自身意识中并在对他所有心理进程的对象化能力中，还有第三次的被给予。人之中的人格因而必须被思为一种中心，这个中心高于

53

---

① 无机物并不处在上述"四种本质阶段"中。因此这里的论断与上面一句话并不构成冲突。

有机体与环境的对立。

　　所有这些难道看上去不是这个样子吗：就仿佛存在着一种阶梯，在这个阶梯上，一种源始存在着的存在（ein urseiendes Sein）在世界之构造中愈发多地弯回到自身中去，为的是在愈发高的阶段和不断更新的维度中觉察其自身，以便最终在人当中完全拥有自身并领会自身？

二　"精神性"范畴的例子：实体；作为"空虚"形式的空间和时间

　　从人的这种存在结构而来——从他的自身的被给予性而来——一系列的人之特殊性就可以得到理解了，关于这些特殊性，我只简略地列举一些。首先，只有人拥有那十分显著且具体的物之范畴和实体范畴。即便最高等的动物，看上去也没有完全拥有这些范畴。一个类人猿，当人们把一支剥了一半皮的香蕉交到它手上时，它是避而不吃的；它吃完全剥皮的香蕉，但如果拿到的是没有剥皮的香蕉，它会亲自剥皮，然后再吃。对于这个动物而言，事物并没有"变化"（verändert），事物已变成（verwandelt）① 另一种东西了。② 动物在这里显然缺少一种中心，由这种中心而来，它才能够把它看、听、

---

　　① "verändern"意指一般的、不剧烈的变化，"verwandeln"意指非常剧烈的、完全的改变。

　　② 亦可参见沃尔克尔特的"蜘蛛实验"。在我的人类学著作中，人们会发现大量的能证明类似东西的事实。——原注

　　（沃尔克尔特（Hans Volkelt, 1886—1964），德国"整体心理学"心理学家。——译者）

嗅的心理-物理功能，以及在这些功能中呈现出的抓、看、触、听、尝、嗅等活动所涉及之物，关联到同一种具体之物中去，关联到同一种实在性内核中去。其次，人从一开始就拥有一个统一的空间。比方说，做了视力手术的天生盲人所学到的东西，不是对源始分离的"诸空间"的一种聚合，例如把动觉空间、触摸空间、看之空间、听之空间等聚合到一种空间直观中去，而毋宁只是把他的感觉材料鉴定为象征符号，这些象征符号标示着在一个位置上存在着的物。动物缺少这种中心性的功能，正是这种功能给予那种统一的空间以一种固定的、先于个别物及其知觉的形式。尤其是，动物缺少那种自身中心化的方式，这种方式把一切感觉材料连同归属于它们的欲望冲动都统合起来了，并且使之关联于一个在实体性意义上得到规整的"世界"。如同我在别的地方已经详细证明的那样，动物恰恰缺少一种本真的世界空间（*Welt*raum），这个世界空间独立于动物所特有的位置运动而保持为稳定的背景。动物同样也缺少空间和时间的空虚形式。人首先是在置身于空间和时间的空虚形式中才理解事物和事件的，并且这只有在这样一种存在者中才是可能的，即这种存在者的欲望之不满足始终远远多于其满足。人的空间与时间之直观的根源——这种直观先行于一切外在的感觉——在于某种秩序中的有机的、自发的运动可能性和行为可能性。我们首先是把我们欲望之期待的始终未满足称作"空虚的"。第一种"空虚"因而就好像是我们心灵的空虚。在自然的世界观中，空间和时间向人显现为空虚形式，这些空虚形式先行于一切事物，这是一个奇特的事实，这个事实只有从那种多出剩余（*Überschub*），即欲望之不满足多于欲望之满足，才能得到理解。如同人们就某些机能缺失现象所

55

能够指出的那样，触觉空间并不是直接被分派给视觉空间的，毋宁说，这种分派只有通过动觉（kinästhetischen）感知的居间促成才能发生——这一事实也指示出，空间的空虚形式至少作为还未成形的"空间性"，就已经先于某些感知的"被意识"而得到体验了，以便基于被体验到的运动动力和能够之体验（Könnenserlebnis）来产生这些感知。因为正是这些运动动力首要地导致了动觉感知。当视觉空间——在视觉空间中，只有"广延"的始终同时的多样性被给予了——被完全拆解之际，那种原始的运动空间、"周围意识"，始终也还存在着。因此，在从动物到人的过渡中，无论是按照时间还是空间来看，我们都发现了一种对"空虚"和"完满"的完全颠倒。动物不能把空间和时间的空虚形式从环境物的特定内容性中释离出来，就像它不能把"数字"（Zahl）从一种或大或小在事物自身中存在着的"数目"（Anzahl）中释离出来。动物完全融入地生活在其各自当前的具体现实中。唯当那些将自身转化为运动冲动的欲望期待，取得了对一切知觉或感知中的实际的欲望满足的优势，在人身上才会发生那种极其罕见的现象，即空间的空虚以及类似的时间的空虚，看上去先行于感知和整个物世界的一切可能内容，并且对它们而言是"奠基性的"。因此人（不知不觉中）把他自己的心灵空虚看作是空间和时间的一种"无限空虚"，仿佛即便没有任何事物，这种"无限空虚"也仍存在似的！只是很久之后科学才纠正了自然世界观的这个巨大的错觉，其方式是由科学给出这样的教导，即空间和时间只是秩序，只是事物的处境可能性和演替可能性，没有任何外于事物和独立于事物的持存。——我曾经说过，动物也没有世界空间。一只狗可以常年生活在一个花园里并且频繁地待在花

56

园的任一个地方。但无论花园是大还是小，狗永远都不会形成关于
花园的一种整体形象，并且对于那些不依赖于其身体姿态的花园之
树、灌木等东西的秩序，狗也永远不会形成一种整体形象。狗只拥
有伴随其运动而变化着的环境空间，而它并不能够使环境空间等同 57
于整个的、独立于其身体姿态的花园空间。原因在于，它不能做到
使它自己的身体及其运动变成对象，这使得它会把它自己的身体姿
态作为可变的因素而包含到其空间直观中去，并且仿佛本能地学会
如此指望其处境的偶然，就像人在没有科学的情况下做的那样。人
的这种成就只是他在科学中予以推进的那种东西的开端。因为人
类科学的伟大之处就在于，人在科学中学会愈发广泛地指望自身及
其整个物理的和心理的系统，就仿佛指望一种陌生的、与其他事物
处于严格的因果联系之中的事物，并因此而知道要去赢获一种世界
本身之形象，这种形象的对象完全独立于人之生理-心理组织，独
立于人之感官和其感官的阈限，独立于人之需求和其需求对于事物
的兴趣，这些对象因而在人的全部处境、状态、感官体验的变化中
始终是恒定的。然而人——只要他是人格（Person）——能够向上
凌越于自身（作为生物的自身），并且能够从一种仿佛处于时空性世
界之彼岸的中心而来，把一切东西（也包括人自身）都变成人之认
识的对象。

但这种中心——人由此实施着行为，通过这些行为，他把世
界、他的身体以及他的心理都给对象化了——本身恰恰不能是这 58
个世界的一"部分"，因而也不能具有一个某处或某时——它只能
处于最高的存在根据（Seinsgrunde）本身之中。人因而是那种凌越
于自身和世界的存在者。作为这样一种存在者，他还具备讽刺和

幽默的能力，这些能力始终包含着对本己实存的一种提升。康德在其深刻的先验统觉（Apperzeption）学说中就已经本质性地澄清了"我思"的那种新的统一性，"是一切可能经验的条件并因而也是一切经验对象的条件"——并非只是外在经验的条件，而且也是那些内在经验的条件，通过这些内在经验，我们本己的内在生命才对我们而言变得可以通达。康德因而首次把"精神"提升到"心理"之上，并且明确否认精神只是一种所谓灵魂实体的功能模块（Funktionsgruppe）①。灵魂实体这种虚构的假设仅仅是来自对精神之现实活动着的（*aktualen*）统一性的不合理的物化。

［三　精神作为纯粹现实性］②

　　由此我们就已经标识出精神的第三种重要规定：精神是独一无二的存在，这种存在本身不能被对象化——精神是纯粹的和纯然的现实性（*Aktualität*），只在对它这种行为的自由实行中有其存在。精神之中心，即人格，因而既不是对象之存在，也不是物之存在，而只是一种在自身中始终实现着自身的（在本质上得到规定的）行为之秩序结构。心理的东西并不实现其"自身"。它是一种在时间中的事件序列（Ereignisreihe），恰恰是从我们精神的中心而来，我们才能原则性地观看这一事件序列，并且能够在内在的知觉和观察中使之对象化。但我们只能把自身聚集为我们人格的存在，向着我

　　① 亦可译为"功能群"或"功能组"。
　　② 方括号中的内容为后人依据文本内容及结构所加，具体解释可见"译后记"，余同。

们人格的存在而聚集自身，却不能把我们人格的存在加以客体化。
就连陌生的人格，作为人格，也是不能被对象化的。我们只有通过
这样的方式才能分享这些人格，此即：我们设身处地地领会人格的
自由行为，并且与之一道地实行人格的自由行为，如同我们通常所
说的那样，就是使我们"认同"人格的意愿和爱等等东西，并由此
而与人格本身"认同"。当我们根本上假定了一种在这个世界上自
行实现着的、不依赖于人之意识的理念秩序，并且把这种理念秩序
视为源始存在者本身的一种属性，我们就基于理念和行为之间的牢
不可破的本质关联而假定了一种独一无二的精神，我们只有通过共
同实行（Mitvollzug）才能参与这种独一无二之精神的诸行为。自
奥古斯丁以来，盛行着的、较老的理念哲学曾经假定了"在物之先
的理念"（idea ante res），假定了在世界之现实存在之前就已有的
一种"天命"（Vorsehung）和一种世界创造的计划。但是理念并不
是在事物之前，也不是在事物之中，亦不是在事物之后，而是与之
一道，并且只有在永恒精神中持续的世界实现（持续创造）之行为
中才能被产生出来。因此之故，我们对这些行为的共同实行——只
要我们思考"理念"——也就不是一种对早已独立于我们的存在者
和本现物（Seienden und Wesenden）的一种单纯的找到和发现，而
是一种真正的共同创作（Mithervorbringen），一种对理念和对价值 60
（从事物本身之本源而来的、被归派给永恒之爱的价值）的共同产生
（Miterzeugen）。

第三章　作为精神之基本行为的理念化着的本质认识

倘若我们想要在细节上对那种被我们命名为"精神"的东西的特殊性和特有性作出更为清晰的澄清，我们最好结合一种特殊的精神行为，即理念化行为(*den Akt der Ideierung*)，来做这一工作。它是一种与所有技术性理智都完全有别的行为。理智的问题可以是这样的问题：我现在胳膊上的这个地方有点痛，这种痛是如何形成的，它如何能被消除？去查明这一点，相应地可以是实证科学的任务。但我也能把这同一种痛苦把握为那种最奇特和最令人惊异的本质事态(*Wesensverhalt*)①的例子。这一本质事态即是：这个世界根本上是被痛苦、病痛、不幸所玷污的。接着我将有所不同地发问：且不顾这一事实即我现在在这里感到痛苦，我要问，痛苦本身(*der Schmerz selbst*)究竟是什么——并且事物之根据必得是何种状况，以至于像"痛苦本身"(Schmerz überhaupt)②这样的东西是可

---

① "Verhalt"既有"行为"(Verhalten)之意，也有"事态"(Sachverhalt)之意，参见《杜登综合词典》。这里是后一种意思。

② 关于"überhaupt"为何应被译为"本身"而不是"一般"，参见本书边码15对应的注释。这里对"痛苦本身"的道说也是一个明确证据，即哲学文本中的"überhaupt"往往与"selbst"同义，应被译为"本身"。

能的？关于这种理念化行为，著名的佛陀皈依故事给出了一个伟大的例子。这位王子[①]在父亲的宫殿里生活了很多年，人们没有让他接触任何消极的印象。后来有一天，这位王子看到了一位穷人、一位病人和一位死者；但他却立即把这三种偶然的、"现在在这里如此存在着的"事实领会为单纯的例子，它们指示着一种在这些例子中可被领会的本质性的世界性质。笛卡尔试图用一块蜡来弄清物 61 体的本质和物体的本质构造。这就是精神作为精神所提出的问题。这类问题最有说服力的例子是由整个数学提供的。人能够把三个事物的作为"数目"（Anzhal）的"三"从这些事物中释离出来，并且能够按照这些对象之序列的内在生产法则，而运用一种作为独立对象的"数字"3。动物不能做这类事情。理念化（Ideierung）因而意味着，不依赖于我们所作之观察的数字，并且不依赖于归纳推论，而是在相关本质领域的一个例子中共同把握世界之本质性的结构形式。我们如此赢得的知识，由此就在一切可能事物（即一切具有这种本质的事物）的无限普遍性中有效着，并且完全不依赖于我们的偶然感官和它们的可刺激性的方式与尺度而有效着。[②]我们如此赢得的这些洞见，就超出了我们感性经验的界限而有效着。我们用学院语言把它们命名为"先天的"（a priori）。

　　这些本质认识满足了两种非常不同的功用：一方面，它们为一切实证科学给出了最高公理，这些最高公理首先为我们指出了一种

---

① "这位王子"指的是乔达摩·悉达多（公元前563—前483年）。相传他在皈依前，是古印度北部迦毗罗卫国的太子。

② 人因而很可能具有那种"理智原型"（intellectus archetypus）。康德否认这种理智原型，只承认它是"临界概念"（Grenzbegriff）。歌德却明确地承认它的存在。——原注

通过理智和推理思维而进行的富有成效的观察、归纳以及演绎的向
62　度。但对于哲学形而上学——其最终目标是对绝对地存在着的存在
的认识（die Erkenntnis des absolut seienden Seins）——而言，这些
最高公理，如同黑格尔确切说过的那样，乃是"进入绝对者的窗户"。
因为每一种真正的本质，理性在世界中所能发现的每一种真正的本
质，都既不能把自身也不能把具有这种本质的"某物"的实存给归
因到有限性的经验原因中去。它只能作为独一无二地存在着的存
在者本身（Ens a se）①的属性而被归于一个独一无二的精神。这种
区分实存和本质的能力构成了人之精神的基础特征，正是这种基础
特征才奠定了所有其他特征。并非人有知识——就像莱布尼茨所说
的那样——对人而言是本质性的，毋宁说，人有先天本质（apriori-
Wesen）或人能够去赢得先天本质，这对人而言才是本质性的。就此
来看，像康德所假定的那样一种"恒常的"理性组织，是根本不存
在的；毋宁说，理性组织在根本上受历史性变化所决定。只有作为
禀赋和能力的理性本身——即能够通过这些本质洞见的功能化而去
构成和造就常新的思维形式和直观形式、爱之形式和评价形式——
才是恒常的。

一　"现象学还原"作为阻抗之扬弃的技术
（实在性，阻抗，意识）

倘若我们想要由此而来更深地钻研人之本质，我们就有必要想

---

①　"Ens a se"的字面意是"从自身而来的存在（者）"。拉丁语的"ens"既有"存
在"之意又有"存在者"之意。

象一下那些行为的结构，正是这些行为通向了观念化之行为。有意识或无意识地，人执行着一种技术，这种技术能够把人之特性标识为对现实特征的尝试性扬弃。动物完全生活在具体当中和现实之中。相应地，与一切现实性结合在一起的是空间中的一个位置和时间中的一个位置，即一个"现在"和"这里"，其次是一种偶然的本在(Sosein)①，正如感性知觉每每从一个"角度"给出的偶然之本在。"是人"意味着，向这种现实性对抛一种强有力的"不"。佛陀已经知晓这一点，他说，去观照(*schauen*)每一种东西，是美妙的，去是(*sein*)每一种东西，则是可怕的。柏拉图也已经知晓这一点，他说，理念之观照与灵魂之避开(即对诸物之感性内容的避开)是连在一起的，并且与灵魂之转入(转入自身以便发现诸物之"本源")是紧密相连的。并且胡塞尔所意谓的也莫非如此，他使理念认识与一种"现象学还原"紧密相连——所谓现象学还原，即对世界事物之(偶然的)实存系数(Daseinskoeffizienten)的一种"划掉涂去"或"置入括号中悬搁"——以便去赢得其"本质"(essentia)。虽然我在具体地方并不能赞同胡塞尔的这种还原理论，但却完全承认，在这种还原理论中，真正本真地定义了人之精神的那种行为得到了定义。

　　倘若人们想要知道，这种还原行为是如何发生的，人们就必须知道，我们的现实体验真正存在于何处。对于现实印象而言，并没

---

　　①　"Sosein"兼有"本质"和"属性"两种含义，相关解释参见本书边码 24 的相应注释。"Sosein"在这里是"属性"之意。按舍勒这里的表述，"正如感性知觉每每从一个'角度'给出的偶然之本在"，"属性"意义上的"Sosein"只是感性知觉对"本质"意义上的"Sosein"的某个角度上的观照，换言之，"本在"(Sosein)之所以既有"本质"之含义又有"属性"之含义，只是观察角度的全面或片面使然。

有一种特别能被指出的感觉（蓝的、硬的，等等）。知觉、回忆、思想以及一切可能的知觉行为都不能为我们达成这种印象；它们所给予的东西，始终只是事物之本在（*Sosein*），而绝不是事物之实存（*Dasein*）。那给予我们以实存的东西，毋宁是对那早已开放的世界领域之阻抗的体验——并且恰恰只是对于我们那力求着的生命、我们那本能性的生命，以及我们那中心性的生命冲动而言，才有阻抗。源始的现实体验，作为对"世界之阻抗"的体验，先行于一切意识，先行于一切表象和一切知觉。即便最缠磨人的感性知觉，也从来都不是单纯取决于神经系统中的刺激和通常进程。一种本能性的朝向，无论它是渴望还是厌恶，必须同样也现成存在，尽管它只应到达最简单的感知。这样的话，由于我们生命冲动的一种冲动对于所有可能的知觉而言都是不可规避的共同条件，阻抗——那些为周围世界的物体形象提供基础的力中心和力域施加于我们生命冲动之上的阻抗（"感官形象"本身事实上是完全不起作用的）——就能够在一种生成着的可能知觉的时间进程的某个地方就已得到体验，在这里还没有形成一种有意识的形象知觉。实在性之体验因而不是后随属从于我们对世界的所有"表象"，而是被预先给予所有这些表象的。那么我曾经谈到过的那个强有力的"不"又意味着什么呢？使世界去现实化（*entwirklichen*）或使世界"观念化"，这意味着什么？它并不像胡塞尔所认为的那样，是对实存判断（*Existenzurteil*）的抑制；它毋宁意味着，以尝试性的方式扬弃实在性因素本身，宣布其没有意义，并对那种完全的、完整的、强有力的实在性印象作这样的处理：用其情感上的相关项即"对尘世的畏"来消除这种实在性印象。这正如弗里德里希·席勒深刻地说过的那样,只是"在那些领域中,即纯粹形式居住于其中的那些地方",才会有对尘世的畏。这种在根本上"去现实化"的禁欲主义的行为——倘若实存是"阻抗"的话——恰恰只存在于对那种生命冲动的扬弃和取消中,与这种生命冲动相比,世界首先"作为阻抗"而显现,同时,阻抗乃是对于偶然的"现在-这里-如此"(Jetzt-Hier-So)的一切感性知觉的条件。但恰恰只有那种存在才能实行这种行为,即我们命名为"精神"的那种存在。只有精神,只有在其形式(作为纯粹"意志")中的精神,才能造成对那种感觉冲动中心的非现实化(*Inaktualisierung*),而我们曾经把这种感觉冲动中心视为通向现实物之现实存在的通道。

二 人作为"生命之禁欲者"

人因而是这样一种生物,他能够根本地以禁欲的方式——压制和抑制本己的欲望冲动、拒绝通过知觉形象和表象来为欲望冲动提供滋养——来对待其生命(使他全身猛烈战栗的生命)。动物始终对现实存在说"是",即便在它厌恶和逃避的时候,动物也始终说"是";与动物相比,人乃"能说不者",是"生命的禁欲者",是针对所有单纯现实性的永远的抗议者。动物的实存是物体化的小市民气(Philisterium)。与动物相比,人则同时是永恒的"浮士德",是最为渴望新事物的动物(bestia cupidissima rerum novarum),从不安宁欣然于环绕他身边的现实,始终渴求着打破其"现在这里如此存在"及其"周围世界"的限制,其中也包括要突破其本己当下的自身现实。在这种意义上,弗洛伊德在其《超越快乐原则》(*Jenseits des Lustprinzips*）中在人身上看到了"抑制欲望者"。并且只是因为人是这样一种东西，人才能通过一种观念化的思想领域向上构筑他的知觉世界；但另一方面，恰恰由此而来，人才能把在被抑制之欲望中潜藏着的能量向上引导到人的精神中去（这种精神乃是寄宿在人身上的）。这也就是说：人能够使其欲望能量升华为精神活动。

第四章 关于人的"消极的"和 "古典的"理论

　　但在这里，现在却出现了决定性的问题：是通过禁欲、抑制、升华才出现了精神，还是说，精神只是通过它们而获得其能量？我确信，通过那种消极的活动，那种对现实的"不"，是绝不会出现精神之"存在"的，毋宁说，这种消极活动仿佛只是供给了能量，并且由此而来，精神的显明能力得到了规定。如同我们曾说过的那样，精神本身说到底是存在者本身（des Seienden selbst）的一种特征，它在人身上变得显明，在"聚集"到自身中的那种人格的专心致志中变得显明。但是，作为这样一种东西，精神在其"纯粹"形式中源始地全然没有任何"权力""力量""活动"。为了一般地赢得某种在程度上还如此小的活动，我们所说过的那种禁欲、欲望抑制①以及与之同时的升华就必须补充进来。

　　由此而来，我们现在就获得了对精神之见解的两种最初的可能⁶⁷性，它们在人之观念史中起到了一种基础性的作用。这两种理论中的第一种是由希腊人形成的，它认为精神本身不只是具有力量和活动，

---

　　① "欲望抑制"亦被译为"本能压抑"。德语的"Trieb"兼有"本能"和"欲望"之意，从舍勒的文本语境看，"Trieb"更适合译为"欲望"。

而且是具有最高程度的权力和力量。我们把这种理论命名为关于人的"古典"理论。它是一种整体世界观的组成部分，这种整体世界观认为，从一开始就持存着的并且不可被历史的生成进程所改变的"世界"（宇宙）之存在是如此被建构的：从神性直至粗野质料，存在的更高形式就是那向来更强大、更有力因而更具引致之功（*kausierenden*）的存在方式。这样一种世界的顶点于是自然就是精神性的和全能的神，亦即这样一种神，他恰恰通过其精神而也是全能的。第二种针锋相对的见解（我们想要把它命名为人的"消极理论"）持有这样一种相反的看法：精神本身（只要这一概念根本上是被允许的），至少是人的所有"产生着文化"的活动（因而也包括所有在道德上、逻辑上、美学上观看着的，和在艺术上构成着的行为），都仅仅是通过那种"不"才形成的。我拒绝这两种理论。我认为，虽然通过那种消极的行为，那

68 根本上无力的、只存在于一组纯粹"意向"（Intentionen）中的精神获得了能量，但精神却恰恰并非由此才"涌现"。

一　消极理论和批判

对于人的消极理论，我列举一些就其自身而言迥然有别的例子：佛陀的解脱学说，叔本华的"生命意志的自我否定"学说，阿尔斯伯格①的值得重视的著作《人类之谜》（*Das Menschheitsrätsel*），最后是弗洛伊德的后期学说，尤其是《超越快乐原则》中的学说。我不能具体而深入地探讨这些学说，只能对它们简单说几句。对于佛陀而言，人之实存的意义终结于其作为欲望主体的湮灭

---

① 　阿尔斯伯格（Paul Alsberg, 1883—1965），德国医学家和人类学家。

（*Erlöschung*）中，或者说，终结于对一个还只是被观照的本质世界，亦即"空"或"涅槃"（Nirwana）的达到中。无论是在人身上还是在世界根据中，佛陀都没有一种积极的精神之观念。他所深刻认识到的，只有那种因果秩序，在其中，尽管有去现实化的技术，但通过对"欲"以及被他命名为"渴"的那种东西的内在扬弃，感性的质、形态、关系、存在的空间性和时间性都一块一块地脱落了。叔本华认为动物和人之区别的本质特征仅仅在于，动物不能实行那种对生命意志的"拯救着的"否定，而人则能把这种否定实现为其最高的样本。这种否定，叔本华和其老师布特维克① 一样，认为它乃是那种意识和知识——在形而上学、艺术、同情伦理（Mitleidsethos）等东西中的意识和知识——的所有"更高形式"的源泉。阿尔斯伯格，69 叔本华的一个学生，非常准确地认识到，无论是一种形态学的特征，还是一种生理学的特征，抑或一种经验的-生理学的特征，都不能表明文化世界的那种确信（确信人和动物有一种本质区别）是正确的。他把叔本华的学说扩展为这样一种论题，即"人类原则"仅仅在于，人有意识地将其器官从个体维持和种类维持的生存斗争中排除出去，以有利于工具、语言以及概念构形，这后面一些东西被他归为对感官和感官功能的排除，并被他归为马赫的那一原则，即对感官内容作尽可能"节省"的原则。阿尔斯伯格明确拒绝这一看法，即认为人只是通过精神和理性才得到定义的。他就像他的老师叔本华那样，错误地把理性看作是推理性思维，尤其是错误地视之为对概念的构成；理性对他而言乃是语言的一种后果，而不是语言

---

① 布特维克（Friedrich Bouterweck, 1766—1828），德国哲学家，美学和文学批评家。

之根。他把语言本身视为"非物质性的工具"，这种工具的目的是
排除感官的工作。这种"人类原则"或者这种生命之倾向——要排
除人之器官并以"工具"和"符号"来取代活生生的器官功用——的
形成之根据，进而人在形态学和生理学意义上日益增强的"智力化"
之根据，在阿尔斯伯格看来，乃是人对其周围世界的那种特别不完
善的器官适应（缺乏可抓握的足、攀足、利爪、尖牙、毛皮，等等），
也就是说，缺乏那些特殊的器官适应。而与人最为接近的、有亲缘
关系的动物，即类人猿，则拥有这些特殊的器官适应。因此，被人
们命名为"精神"的那种东西，在阿尔斯伯格看来，就是一种后来
才出现的对不完善的器官适应的替代品——人们可以在阿德勒①的
意义上说：这是一种对人类之体质上的器官劣质性的过度补偿。就
连弗洛伊德的后期学说也归属于人的消极理论的范围。欲望"抑
制"②和激情"抑制"这些词语，甚至叔本华就已经明确使用过它们，
其目的——如同他自己表述过的那样——是为了说明某些"疯狂形
式"。弗洛伊德如何以伟大的手法进一步发展了这一思想以解释神
经官能症的形成，已是众所周知。但是按照弗洛伊德的说法，同样
的欲望抑制一方面应能说明神经官能症；另一方面，对于被抑制的
欲望能量得到"升华"这一情形而言，同样的欲望抑制恰恰应作为
趋于每一种更高文化形态的能力而产生出来，亦正如弗洛伊德明确
说过的那样，应作为人类结构本身的特别之处而产生出来。他因而
在《超越快乐原则》中明确写道："在我看来，对人迄今为止之发展

---

① 阿德勒（Alfred Adler，1870—1937），奥地利心理分析学家，个体心理学的奠
基人。

② "欲望抑制"，亦可译为"本能压抑"。

的说明并不需要有别于对动物的说明，人们在少数人类个体中观察到了趋向进一步完善化的孜孜不倦的冲动，这可以自然而然地被理解为欲望抑制的后果，人类文化最有价值的东西正是建立在这种欲望抑制之上。"（第40页）人们很少注意到，后期弗洛伊德——自从 71 他建立起他关于性欲（Libido）和死欲（Todestrieb）这两种基本欲望的双重基础理论之后——不仅赢得了与叔本华学说的关联，而且甚至直接赢得了与佛陀学说的一种奇特关联。按照这两种学说，精神的所有形式，从质料物开始经过植物、动物、人，直到那种具有"神圣知识"的智者，根本上都仿佛是一种进入寂静之虚无、入乎永恒之死亡的僵硬地排队行进着的组群。我认为，弗洛伊德错误地给有机体本身添加上了一种去绝对地维持本在（Soseinserhaltung）的倾向，一种趋于静止位置的倾向，一种趋于刺激保护和"刺激之拒绝"的倾向。在弗洛伊德看来，力量系统在动物那里是附加到营养系统、生长系统和繁殖系统上的，并且介乎这些系统与环境之间（这一点与动物相反），力量系统已经是那根本上暴虐性、摧毁性的死欲（死欲乃是生命要"回归到无机物中去"的那种原始欲求）的一种相对意义上的成就。

　　每一种消极的人之理论的基本缺陷在于这一事实，即它没有给出对下述问题的丝毫回答：究竟什么是在人当中被否定的东西，究竟是什么否定了生命意志，什么抑制了欲望，并且出于何种不同的最终根据，被抑制的欲望能量有时变成了神经官能症，而有时却被升华为塑造文化的活动？它被升华到何处去？并且为何精神之原则至少部分地是与存在之原则相一致的？最终：被抑制，被升华， 72 生命意志被否定，是为了什么？为了何种最终价值和最终目标之缘故？人们也必须对阿尔斯伯格提出这样的问题：究竟是什么成就了器官之排除，究竟是什么发明了物质性的和非物质性的工具？拉马克为了解释器官之构成，早已对"需要"之意义进行了无度的过高评价，他把"需要"本身视为"其本身之满足的最终原因"。但仅仅只有"需要"是决然不够的。为什么人这个适应能力如此糟糕的物种没有灭绝，而其他那些成百上千的物种却灭绝了？这种病态的、落后的、受苦的动物，几乎已经被宣判了死刑，其基本姿态就是忧心忡忡地自我裹蔽，对其适应性很差、极易受损害的器官进行自我保护，这种动物是如何能够将自身拯救到"人类原则"中，进而将自身拯救到文明和文化中的？有人曾经说过，人较其源始种类特征，拥有过剩的欲望（赛德尔）[1]，因此人就必须抑制欲望。但是，这种欲望过剩或许恰恰相反只是那已经被实行的欲望抑制的后果，而绝不是其原因。人的消极理论始终已经预设了那种应通过这种理论而被说明的东西，此即：理性、精神、精神的一种本己的独立的法则性、精神之原则与存在之原则的部分同一性。恰恰是精神，才已然引导着欲望抑制。其方式是，那种引导着理念和价值的意志，拒绝

承认欲望生命的那些违背理念的冲动具有那些必然归属于一种欲望行为的观念。另一方面，那些与理念和价值相宜的观念把潜伏着的欲望像诱饵一样摆到眼前了，为的是以这种方式如此这般地使欲望冲动彼此协调，即它们要贯彻实施精神法则性的意志规划。这种被描绘的基本进程，我们想要将其命名为控制（Lenkung），它存在于对欲望冲动的一种"设障"和"去障"中；并且我们想要把那种仿

---

① 赛德尔（Alfred Seidel，1895—1924），德国学者，留有遗著《作为灾难的意识》（*Bewusstsein als Verhängnis*）（波恩，1927 年）。

佛是对理念和价值本身——它们每每都是通过欲望之运动而实现自身的——的维持命名为引导（*Leitung*）。但精神不能做到的事情是：自身产生或取消某种欲望能量。但不仅这种从精神而来的抑制是某种积极的东西，就连终极目标也是某种积极的东西：内在地变得自由而独立，并且赢得力量与行动。一言概之：使精神变得活生生。只有这个值得被合理地称作"生命之升华为精神"——但这不是一种神秘的进程，它应创造崭新的精神质量。

二　古典理论和批判

由此我们就返回到所谓的"古典理论"。如同我已说过的那样，古典理论和消极理论同样都是错误的。但由于古典理论支配了几乎整个西方哲学，因而它的错误对我们而言就是一种更加危险的错误。这种理论及其在希腊的精神概念和理念概念中的起源是关于"理念之自身力量"的理论，是关于理念的源始力量和活动、理念的作用能力的理论。这种理论是希腊人首先构想出的，并且通过希腊人才变成西方市民阶层最伟大部分的一种基本理解。①这种古典的精神之理论，无论是在柏拉图和亚里士多德那里登场亮相（在这里，理念和形式首先是作为塑造性力量登场亮相，它们从一种"非存在"〔μή ὄν〕或原初质料的"可能存在"中塑形了世界事物），还是显现在犹太教–基督教之宗教性的一神论形式中（这种宗教性使得上帝

74

---

① 　从社会学角度来看，古典理论同时是一种阶层意识形态，关于上层阶层和市民阶层的意识形态。参见我的《知识社会学》，载于《知识与社会》（第202页以下）。——原注（《知识与社会》全名应为《知识形式与社会》，前文已有。——译者）

仅仅是纯粹精神，并且不仅给上帝本身加入引导和控制［设障和去
障］，而且给其加入一种积极的、创造性的，甚至全能的意志），抑
或出现在带有更多泛神论色彩的形式中，例如在费希特那里或在黑
格尔的泛理论（Panlogismus）中。按照这种泛理论，世界历史应以
神圣理念按照一种辩证法法则而进行的自身阐明为依据，而人在其
核心中只是生成着的自身意识，这种自身意识"在其自身中"赢得
了关于自身的永恒的、精神性的神性。古典理论处处并且始终犯了
同一个错误，即认为精神和理念具有一种源始的力量。这种古典的
人之理论首先是在两种基本形式中出现的：一种理论形式认为人有
精神性的心灵实体，另一类理论认为只有一个唯一的精神实存，与
75　之相比，一切个别的精神只是这种精神的方式或活动中心（阿维洛
伊、斯宾诺莎、黑格尔）。心灵的实体理论，就其自身而言，乃是依
据于一种对外在的物之范畴的完全无理的应用，或者说，依据于一
种参照肉体与灵魂之关系对"质料"和"形式"之范畴（此乃外在的
物之范畴的古老形式）的完全无理的有机区分和应用（托马斯·阿
奎那）。这两种把宇宙论范畴应用到人之中心存在的做法，错失了
其目标。人的人格并不是什么"实体"，而只是一种君主式的对诸
行为的安排，在这些行为中，向来有某种行为具有领导和引导地位。
但是我们要撇开对这些理论之个别形态的批判。人之"古典"理论
源出其中的那个基本错误，是一种深刻的、原则性的、与整个世界
图景关联在一起的错误，即认为，我们生活其中的这个世界，源始
地并且恒定地具有这样的秩序：存在形式并非只在意义和价值上增
益着，而且也在力量和权力上增益着，并且越来越高。

　　对我们而言，下述两种认识因而是一种同样巨大的错误：一方

面以起源学的方式认为那些较高级的存在形式——例如与无机物相对的生命，与生命相对的意识，与人之中和人之外的低于人的意识形式相对的精神——乃是源出于一些进程，而这些进程却归属于较低级的存在形式（物质主义和自然主义）；相反，另一方面则认为，较高级存在形式乃是较低级存在形式的原因，例如向来存在着一种生命力，一种意识活动，一种源始地强劲活动着的精神（活力论和观念论）。倘若说消极理论导致了错误的机械论的总体说明，古典理论则导致了一种所谓"目的论"世界观的站不住脚的胡闹瞎扯，而这种目的论世界观却支配了西方的整个有神论的哲学。最近，尼古拉·哈特曼 [①] 非常确切地表达了与我的看法相同的看法——我在我的《伦理学》（*Ethik*）中早已持有这种看法。哈特曼是这样说的："更高的存在范畴和价值范畴根本上乃是更虚弱的范畴。"

三　在自然、人、历史以及世界根据中的精神与力量的关系

只有力量和作用的洪流才能设定实存和偶然的本在 [②]，这种洪流奔腾在我们居住在其中的世界中，不是从上向下地奔腾，而是从下向上地奔腾！无机界以之为傲然的不依赖性伫立在其本己的法则性中——在非常少的几个点中包含着某种像是"有生命的东西"。植物和动物以傲然的不依赖性与人对立。在这个问题上，动物之依

---

① 尼古拉·哈特曼（Nicolai Hartmann, 1882—1950），德国哲学家，可被视为第一位本体多元论者。

② 关于"本在"之译名，以及何谓"偶然的本在"，参见本书边码 63 注释。

赖于植物的实存要远甚于植物之依赖于动物的实存。动物的生命
向度并非仅仅意味着一种赢获，而且也意味着相对于植物向度而言
的一种损失，因为动物的生命向度不再具有与无机物的直接交流，
而植物则是通过它们的营养方式而拥有与无机物的直接交流。与
之类似地，数量众多的动物本身在历史中，在其运动的本己法则性
中，同样不依赖于人之实存的更高形式。人类历史中，文化的繁荣
时期既短暂又罕见。美，柔弱且脆弱的美，亦是短暂又罕见。对那
些关系——在较低的存在形式、价值范畴、（这些存在形式在其中
得以实现的）诸力量与较高的存在形式、价值范畴、诸力量之间的
关系——的源始整理，通过下面这句话得到了特性刻画："强劲的原
本是低级的，虚弱的原本是最高的。"① 每一种较高的存在形式，相
比于较低的存在形式，都是相对无力的，并且它不是通过其本己的
力量而实现的，而是通过较低存在形式的力量而实现的。生命进程
本身是一种在时间中具有本己结构的、被造就了的进程，但它仅仅
是通过无机世界的质料和力量而被实现的。精神与生命的关系，与
之是完全类似的。精神能够通过升华之进程而赢得力量。诸生命
欲望能够深入（或不深入）到精神的法则性和观念结构与意义结构
中去，精神以主导着它们的方式扣留着它们，并且无论是在个体中
还是在历史中都一样，在这种深入和渗透进程中，它们能够赋予精
神以力量——但说到底精神原本没有本己的能量。在某种意义上或
许可以说，更高的存在形式"决定着"世界构形的本质和本质领域，

---

① 此句中的两处"原本"的德文均为"ursprünglich"。将这个词译为"源始"不
合乎舍勒此处语境：舍勒这里强调的是真相是什么，而不是时间发生意义上的源始。
此处选择将其译为"原本"，一方面是着眼于此处的句意和语境。另一方面是采纳了
ursprünglich 的第二种含义：echt, unverfälscht, natürlich, urwüchsig。

但它却是被另一种原则，即第二种原则所规定的，这第二种原则恰恰原本是原初存在者（Urseienden）所特有的：为原初存在者造就实在性，并规定着偶然形象的原则，我们将其命名为"冲动"（*Drang*），或者说是造就着形象的冲动想象。

在这个世界中出现的最强大的东西，因而是无机世界（作为那种"冲动"的最低的作用点）的力量中心，这些力量中心对于观念、形式和形态是"盲目的"。按照我们今天理论物理学的一种愈发强劲地扩展着的理解，这些中心很可能并不服从于在它们的彼此相与和彼此相对中的存在者层面的法则性，而是仅仅服从于一种统计学类型的偶然法则。生物的感官及其感官功能，更多地指示着世界之合规则的进程，而较少是世界之不合规则的进程，由此，生物才把那种"自然法则性"带入世界中，然后知性就读出了这种"自然法则性"。法则在存在论意义上并非处在偶然与任意的混沌之后，毋宁说，混沌处在形式机械论性质的法则之后。倘若这样一种理论——一切具有形式机械论结构的自然法则最终只具有统计学意义，并且一切自然进程（也包括小范围内的自然进程）中已经是这样一类进程，它们源于任意力量单位的相互作用——得到贯彻，则我们整个的自然图景就将经历一种巨大变化。于是，所谓的形态法则（*Gestalt*gesetze）——亦即这样一些法则，它们规定了发生活动的某种时间节奏，并且又以依赖于这种时间节奏的方式规定了身体性实存的某些静止的形态——就表明自身乃是真正的存在者层面的法则。[①] 因为在生命领域中，无论是生理学领域还是心理学领域中，

---

① 为此参见我的论文《劳动与认识》，收录在《知识形式与社会》中。——原注
（舍勒在行文中多次将《认识与劳动》误写为《劳动与认识》。——译者）

只有关于形态法则之种类的法则（尽管不必只是物理学的物质法则）
生效着，因此自然之法则性就通过这种理解而再次变成一种严格统
一的法则性。这一点于是就变得不可能了，即把"升华"概念系统
化运用到所有的世界发生事件中去。升华于是就发生在每一种基
本进程中，通过世界之生成进程中的一种低级存在领域的力量，逐
渐被置入对一种更高形态的存在和生成的效力中——例如就像在电
子之间运作着的力量效力于原子形态，或者就像内在于无机物世界
中力量效力于生命之结构。人之生成和精神之生成于是就必然被
看作是迄今为止自然最后的升华进程，——它同时表现在那种愈发
变大的运用活动中，即把有机体所接收的外在能量运用到我们所知
晓的那些最为复杂的进程中去，亦即运用到大脑皮质的刺激进程中
去，并且它也表现在类似的欲望升华的心理进程中，即把欲望能量
转置到"精神"活动中去的那种进程。

［四　历史中的精神与力量的关系］

80　　在另一种形式中，在人类历史中，我们又碰到了精神与生命之
争辩的这同一种进程。黑格尔的论题肯定并不适用于人类历史，他
认为，人类历史基于对单纯理念彼此之间的一种解释。相反，如同
我在我的《知识社会学》中已经深入揭示过的那样，卡尔·马克思
的命题——理念（Ideen）若没有利益和激情在其背后作支撑，也就
是说，若没有源出于人之生命领域和欲望领域的力量（Macht）① 作

---

① "Macht"，这里亦可译为"权力"，以与后文中的"赋权"一词相呼应。

支撑，就常常会不可避免地在世界历史中"出丑"——是完全适用于人类历史的。但尽管如此，历史还是显示出一种在整体上日益增长着的理性之赋权（*Ermächtigung der Vernunft*），但恰恰只是通过并基于一种日益增长着的对理念和价值的本己居有而达成的，并且是通过它们之间的巨大的、欲望式的组群倾向和利益啮合而做到这一点的。即便在这里，我们也必须对人之精神和意志对历史事物之进程的重要性达成一种谦逊得多的理解。我曾说过，人之精神和人之意志所意味的东西只能是引导和控制。并且这始终仅仅意味着，精神本身在欲望力量之前保持着理念，并且意志把诸表象运用到或抽离于那些必然已经现成存在的欲望冲动，这些表象是能够对这些理念的实现活动予以具体化的。但针对欲望力量作一种纯粹意志的直接斗争，这乃是不可能的；这种斗争在哪里被意求了，它就会反过来激发起欲望力量，使之在其单方面的向度中变得更甚。保罗就曾经经验过这一点，他说，法则就像一头走来走去咆哮着的雄狮，为的是突袭有罪之人。威廉·詹姆士最近也就这一点做出了深刻的评论。当意志使自身定向于对一种欲望的单纯斗争和否定（这种欲望的目标在良知面前乃是"糟糕的"），而不是去意求一种更高的价值（这种价值的实现可以使人忘掉糟糕之物，并且这种更高的价值吸引着人的能量）时，意志就激发起了它所意求之物的反面。人因而就必须学会忍受自身，也必须学会忍受那些否定（他看出这些否定本身乃是糟糕的和有害的）。他不可通过直接的斗争来攻击这些否定，而是必须通过把他的能量投入到富有价值的任务中去（他的良知把这些任务看作是善的和卓越的，并且这些任务对于他而言是可通达的）以间接地克服这些否定。在针对恶的"非阻抗"学说中——如同斯宾诺莎在其伦理学中业已深刻阐述过的那样——蕴藏着一种伟大的真理。在被带到升华概念之下之际，人的生成乃是我们所知的最高升华，并且同时是自然的一切本质领域的最内在统一。在这里所暗示的一种世界图景面前，那个支配了如此多世纪的矛盾——对世界现实的"目的论"解释和"机械论"解释的矛盾——便融化了。①

[五　世界根据中的精神与力量的关系]

82

不言自明地，这种思想进程即便在最高存在亦即世界根据面前，也不会停下来。这种存在只是"通过它自身"而存在，所有其他东西都依赖于它而存在；即便给它配以精神之属性，这种存在也不能作为精神性存在而具有源始的权力或力量。毋宁是那第二种属性（我曾经谈过这种属性）才是关键——它乃是最高存在中的"自然之自然"，即全能的、载有无限图景的"冲动"，这种"冲动"必然可负责解释现实性和从未通过本质法则和理念而得到明确规定的这种现实性的偶然的本在。倘若我们把一切有限存在的最高根据中的纯粹精神属性命名为"神性"（deitas），我们在这种根据中命名为精神和神性（Gott-heit）的那种东西，就绝没有什么积极的、创造性的力量。"从无中创造世界"的想法就在这种推论面前崩解了。倘若精神和冲动的这种原始张力处于那种"通过其自身"而存在的存在中，这种存在与世界之间的关系就必然是另一种关系。通过下

---

① 　为此参见我的论文《劳动与认识》，收录在《知识形式与社会》中。——原注

述说法，我们就把这种关系表达出来了：倘若诸物之根据想要实现它的神性，即诸物所具有的理念与价值之丰富性，诸物之根据就必须为创世之冲动除去障碍，以便在世界进程的时间性过程中实现其自身——在某种程度上可以说，它必须容忍世界进程，以便在这种进程中，并通过这种进程，实现其特有的本质。并且只有在这种程度上，"通过其自身的存在"才变成这样一种存在，它配得上被命名为神性的实存，它在人之中的世界历史的冲动中，并且通过人实现了永恒的神性。不过只是在这同一种程度上，这种本身无时间的、但为了有限的体验活动而时间性地呈现着的进程，才接近了其目标，即神性的自身实现，并且世界本身也将变成永恒的精神与冲动的完善躯体。只是在这种强劲雷暴——"世界"就是这种雷暴——的运动中，存在形式之秩序与价值秩序在事实上运作着的诸力量上的一种相称，以及反过来后者与前者的一种相称，才能发生。的确，在这种发展进程中，一种对源始关系的逐渐倒转（*Umkehrung*）就能够发生了，按照这种源始关系，更高的存在形式乃是更虚弱的，而较低的存在形式却是更强劲的。换言之：原本无力的精神和原本疯狂的冲动（亦即对于一切精神性理念和价值都表现得盲目的冲动），通过对处于诸物之形象背后的困苦予以生成着的理念化和精神化，而达成了彼此渗透，这种彼此渗透，以及同时的精神之赋权，亦即使精神生气勃勃，乃是有限的存在与发生（*Sein und Geschehen*）的目标与目的。有神论把它错误地置于其起点处了。

第五章　身体与灵魂的同一性：
对笛卡尔的批判

　　我们攀升得有点高了。且让我们返回到经验比较容易理解的人之本性的问题中去。就近代而言，关于人的古典理论在笛卡尔的学说中找到了其最有影响力的形式，笛卡尔的学说乃是这样一种学说，我们只是在最近才开始着手完全地和彻底地摆脱它。通过把一切实体划分为"思维实体"和"广延实体"，笛卡尔把事关人之本性的一大堆最为严重的错误都引入到了西方的意识中。基于这种对整个周围世界的划分，笛卡尔自己就必须接受这样一种胡闹，即认为一切植物和动物都不具有心理本性，并且否认动物和植物具有赋灵之"外观"，而在笛卡尔之前的整个时代都认为动物和植物的赋灵（Beseelung）之"外观"乃是现实，并且他必须通过人之情感的"移情"把我们的生命感受移情到有机自然的外在形象中去，另一方面又必须对所有不是人之意识和思维的东西作出纯粹"机械论"的解释。笛卡尔的这一做法，不仅导致了他对人之特殊地位作出了不理智的过分提高，并且使人脱离于自然母亲的怀抱，而且生命及其源始现象的基本范畴也由此一下子被抛出世界之外了。世界对笛卡尔而言仅仅是由思维点和一种强有力的、应以几何学方式得到探究的机械论所

构成的。这种理论的有价值之处仅仅是这一点：精神之新的自律和

自主（*Souveränität*），以及精神之自律自主对于精神之优越性（优越于一切有机物和单纯活物）的认识。其他一切都是极大的错误。

我们今天可以说，身体和灵魂问题——这个问题在这么多世纪以来一直都令人殚精竭虑——对我们而言已经丧失了其形而上学的地位。致力于这一问题的哲学家、医学家、自然科学家，愈发接近达成一种基本看法的统一，即：并不存在一种在局部得到明确规定的灵魂实体（虽然笛卡尔相信有这种东西），其原因早就已经不言自明了，因为无论是在大脑中还是在人之身体的任何其他地方都不存在这样一种中心位置，使所有感觉神经纤维都汇合在这个中心位置中并且所有神经进程都在这里相遇。但笛卡尔理论根本错误之处却是这一点：心理性东西仅仅存在于"意识"中，并且仅仅受大脑皮层的制约。精神病医生的深入研究已经向我们表明，对人之"特征"的基础具有决定性作用的心理功能，尤其是所有归属于欲望生命和易激发性的心理功能（我们事实上已经把易激发性视为心理性东西的基础形式和源初形式），并不是在大脑中有其生理学的并行进程本身，而是在脑干区，其中一部分在第三脑室的中央灰凹中，另一部分则是在丘脑中，丘脑作为中央接通处在感觉和欲望生命之间进行着调解。此外，没有起点的内分泌腺系统（甲状腺、生殖腺、脑垂体、肾上腺等）——它们的功能类型很可能也规定了人的欲望生命和易激发性，此外也规定了人身体成长的高度和宽度、高大和矮小，很可能也规定了种族特征——已经表明自身乃是在整个有机体连同其构形形式与心灵生命的那种微小的依附部分（我们把它称作清醒意识）之间的真正的调解区域。是整个身体，而绝不只是大脑，在今天又变成了心灵发生事件的生理学的平行领域。因此我们就根 86

本不再能够认真谈论心灵实体与身体实体的一种如此外在的绑定了，尽管笛卡尔曾经如此认为。它是同一种生命，在其"内在"中，它是心理性的东西；在为其他东西的存在中，它却具有身体性的形式构形。人们提出这样的论点，认为"自我"事实上是简单的和一致的，身体却是一种复杂的"细胞国度"，但这种论点并不构成对上述论断的反对。今天的生理学已经完全消除了细胞国度这一观念，正如它也已经与那种基本看法——即神经系统的功能只是以求和的方式聚集在一起的，因而不是以整体性的方式聚集在一起的，并且这些功能各自都严格地在局部上和形态上在其起点处就得到规定了——分道扬镳一样。然而，倘若人们像笛卡尔那样把身体有机体视为一种机器，并且是在伽利略-牛顿时代的那种古旧的、在今天已经被理论物理学和化学本身所克服的、变成过时之物的机械自然理论的僵硬意义上，把身体有机体视为一种机器；另一方面，倘若人们像笛卡尔和所有追随他的人那样，忽视了整个欲望生命和情感生命的独立性，以及它们那种被可靠地证明了的较之一切"被觉知的"观念形象的优先性；并且倘若人们把一切心灵生命都局限在觉醒意识中，而忽视了"意识-自我"的心理发生活动在整体上彼此关联的功能族群上的巨大分裂；倘若人们此外还否定了激情抑制，并且忽视了就整个生命阶段而言的可能的病史，忽视了"意识-自我"自身的那些众所周知的分裂现象——在上述这些情形下，人们就会得出这样一种错误的对立：这里是源始的统一性和简单性，那里只是派生地结合在一起的身体部分以及在其中才得到奠基的进程的杂多性。这种心灵图景恰恰是错误的，就像旧式生理学搞出的那种生理学发生活动之图景的错误一样。

在与所有这些理论的最极端的对立中，我们现在可以说：生理学的和心理的生命进程，在存在论意义上是严格同一的，这正如康德已经猜测到的那样。它们只是在现象上有别，但即便在现象上，它们也在结构法则和它们进程的节奏中是严格同一的：生理学进程和心理进程相当类似，两种进程都是非机械论的；二者都是合目的的（teleoklin），并且都是定向于整体的。神经系统的节段愈是低级（而非愈高级），运行在这些节段中的生理学进程就愈多；同样地，心理进程愈是原始，就愈是整体性的和目标明确的。这两种进程只是一种超机械论的生命进程的两个方面，即按照这种生命进程诸功能的形态构成和相互作用来看的两个方面。因此，被我们称作"生理学的"和"心理学的"东西，只是对同一种生命进程之观察的两个方面。存在着一种"内在的生物学"和一种"外在的生物学"。"外在的生物学"虽然在认识中是从有机体之形式结构推进到真正的生命进程中去的，但永远都不应忘记，每一种活生生的形式在每一个瞬间中都是被这种生命进程所承载着——以动力学的方式从最终可区分的细胞元素开始，向上经过细胞、组织、器官，直至整个有机体——并且通过这种生命进程被重新塑形，而且在发展中存在着应与器官的运行功能鲜明地区分开来的"构形功能"，后者在化学-物理"处境"（Situation）的协助下才产生了有机质料的静态形式。已故的海德堡解剖学家赫尔曼·布劳斯[1]以及从心理学而来的阿尔敏·冯·彻马克[2]把这种思想合理地带到了他们整个研究工作的中

———————

① 赫尔曼·布劳斯（Hermann Braus，1868—1924），德国解剖学家，功能整体考察理论的代表性人物。

② 阿尔敏·冯·彻马克（Armin v. Tschermak，1870—1952），奥地利生理学家。

心点。人们可以说，这种看法在今天已经贯彻到所有科学中了，所有科学都与这个著名问题有关。古老的"心理机械平行论"在今天恰恰属于陈旧过时之物，正如被洛采所更新的"交互作用理论"或那种把灵魂视为"物质形式"（forma corporeitatis）的经院学说，也都属于陈旧过时之物了。

笛卡尔在身体和心灵①之间建立的这道鸿沟，在今天已经几乎自我封闭为生命之统一性的具体性了。一条狗看到一块肉并且同时在它的胃里形成了某种胃液，这对笛卡尔（他从"心灵"来筹划拟定出了整个的欲望生命和情感生命，并且同时也按照其结构法则要求着一种对生命现象的纯粹化学-物理的说明）而言就自然是一种绝对的奇迹了。为何？因为一方面，他排除了食欲的欲望冲动，而食欲的欲望冲动在同一种意义上对于对食物的视觉觉知之发生是一种条件，也对于外在刺激是一种条件——除此之外，食欲的欲望冲动绝不像笛卡尔所认为的那样是一种知觉之内容的条件，这种内容作为"形象"之部分，完全独立于一切"意识"。另一方面这是因为，他并不把胃液（相应于食欲）的形成看作是一种真正的生命进程，一种植根于生理学功能单位及其结构中的真正的生命进程，而是将其视为这样一种进程，它的运行完全独立于以纯粹化学-物理方式存于胃中的中央神经系统。但是，倘若人们向笛卡尔摆出海耶②的论断，即甚至对食物之食用的单纯暗示都能够像真正地食用

---

① 这里的"心灵"（Seele）亦可译为"灵魂"。
② 古斯塔夫-理查德·海耶（Gustav-Richard Heyer, 1890—1967），心理疗法医师和心理学家，慕尼黑的内科和神经疾病医生。

了那样产生同样的作用，笛卡尔对此又会怎样讲呢？人们看出，这一错误——笛卡尔的根本错误——在于他完全忽视了人类和动物的 90 欲望系统，这种欲望系统恰恰构成了居间调解，并且构成了每一种真正的生命运动和意识内容之间的统一性。生理学意义的"功能"，按照其基本概念来看，乃是一种独立的、有节奏的进程形态，是一种动力学意义的时间形态。它从根本上讲绝不是在局部被呆板地制约的，它毋宁是在现成的细胞基质处才能广泛地分选出它的功能域（Funktions*field*），才能造就它的功能域。在那些绝不具有意识相关项的生理学意义的功能中，也不存在一种确定而呆板的、求和式的器官反应。事实上，如同人们新近业已指出的那样，它们绝不是像膝盖反射那样如此简单的反应。此外，从现象学角度来看，有机体的生理学程序恰恰就像有意识的进程那样是"合乎意义的"，并且有意识的进程也常常和有机进程一样是"愚笨的"。

在我看来，我们恰恰应对今天的研究提出方法上的目标，首先要在最广泛的程度上检验，有机体的相同的行为方式在何种程度上，一方面能被物理-化学的刺激由外而内地导致和改变，另一方面能被心理刺激——暗示、催眠、一切类型的心理治疗、社会环境的变化（疾病对社会环境变化的依赖程度要甚于人们的猜度）——所导致和改变。我们因而就要非常小心地提防对单纯"心理学"解 91 释的错误的过分抬高。按照我们的经验，一种胃溃疡也同样可以是在心理上被引起的，就像被某种化学-物理的进程所引起一样；而且并非只有神经疾病，器官疾病也向来都有十分确定的心理上的关联项。就我们对真正统一的生命进程之影响的两种类型（即通过意识的通道和通过外在身体刺激的通道）而言，我们也能在量上如此权衡它们，以至于我们在多大程度上免去这种刺激，就在多大程度上更多地运用其他刺激。甚至那种基本的生命进程——人们把它称作死亡——也能被一种突然的情绪打击引致，就像被一种手枪射击引致；服用某些药物也同样会导致性刺激，就像淫秽的图画和读物导致性刺激那样。所有这些都只是不同的通道方式，即我们在我们的经验与控制（对同一种在存在者层面统一的生命进程的经验和控制）中所拥有的不同的通道方式。就连最高的心理功能，例如所谓的"关联之思"（beziehende Denken），也没有摆脱一种严格的生理学比较。按照我们的理论，精神行为最终也必然始终具有一种生理学的和心理学的对应环节，因为精神行为事实上是从活生生的欲望领域中取得其全部活动能量的，并且若没有任何"能量"，精神就不能向我们的经验和它自己的经验显现出来。心理-物理的生命因而是一体的。这里恕不能对这种理论作最终的哲学深化。

92 　　物理和心理功能的这种统一性是一种事实，这种事实对于一切生物因而也对人而言是绝对有效的。西方关于人的科学，作为自然科学和医学，首要地是致力于人的身体方面，尤其试图通过通道从外部来影响生命进程。这一事实是那种过于片面的兴趣的部分显现，而这种兴趣则是西方技术本身所特有的。当从外部而来的生命进程显得比经由意识通道而来的更容易为我们所接近，则生命就恰恰根本不需要以心灵和自然的事实关系为基础了，毋宁说，它也可以在一种数百年来被片面调置的（einseitig eingestellten）兴趣中得到论证。例如印度医学就显示出了对立的心理性的，但同样片面的看法。印度医学更多是按照人的灵魂生命来区分人与动物，而较少采取逐渐分离的办法，例如它认为人的肉体-灵魂具有一种特殊类型的来源和未来命运，这和有神论的"创造论"以及传统的"不朽"
理论有关系，但都没有<u>丝毫</u>根据。门德尔法则对于心理特征的构造
是适用的，正如其适用于任何一种身体特征。诚然，在人和动物之
间现成存在的差异性在心理功能的运行中是非常显著的。但是，人 93
和动物的<u>生理学</u>差异也非常显著，并且比动物和人之间的形态学差
异还远为显著。与动物相比，人为了形成神经物质所耗用的整个<u>吸</u>
<u>收</u>物质远远超过动物。但用解剖学上可见的单位来看，整个吸收物
质的收益对于形式和结构的构成而言却非常稀少。与动物相比，人
所吸收的物质以大得多的比例转化为纯功能性的大脑能量。但这
个进程却恰恰只是我们用生理学语言命名为"压抑"和"升华"的
那同一进程在生理学上的呼应概念。人的机体在其感官运动机能
中并不比动物有本质上的优越性，而在大脑与其他器官系统之间的
能量分配上，人与动物却完全不同。人的大脑在营养供给上享受着
<u>无条件</u>的优先权，其程度远为明显地高于动物——人脑之所以有如
此特权，是因为人脑具有最为强化和最为多样的能量坡度，并且人
脑之刺激具有这样一种运行形式，它在纯局部上很少被僵硬地限
制。在一般的吸收障碍中，大脑是<u>最后</u>才受到阻碍的，而且与其他
器官相比，大脑所受阻碍也最少。人的大脑皮层保存并集结了有机
体的整个生命历史和有机体的史前史。由于大脑中刺激的每一个
特殊进程都改变着整个刺激结构，所以"同一个"进程在生理学意 94
义上是绝不可能重现的——这个事实情况精确地与心理因果关系的
基本法则相符，即只有过去的整个体验链，而绝非只是时间上先行
发生的单个进程，才能解释随后发生的心理事件。大脑皮层中的刺
激从不停止，即便在睡眠中也不停止，结构要素在每一瞬间都被重

新建构，因此，一种强大的过剩想象即便在生理学上也是不可期待的——这种过剩想象即使没有外在刺激也会继续涌流，并且当清醒意识及其审查被拆解后（弗洛伊德），这种过剩想象就会立即出现。此外，如同我在别的地方已指出的那样①，过剩想象应被视为彻底源始的，通过感官知觉它只是愈发受限，却没有被生产出来。此外，心理流就像生理学的刺激链一样，通过睡眠状态-清醒状态的节奏而连续运行。脑看上去是真正的死亡器官，它在人身上比在动物身上更显得如此，即便我们知道人的所有生命进程都更强烈地集中于和取决于脑的活动，也仍然可以得出上述观察。倘若我们通过一系列研究得知，被人为切除大脑的狗或马还能做大量事情，而人在这种状态下则无法完成这些事情，那么，构成任何存在之矛盾的，就不是人身上的肉体与灵魂，或身体与心灵，或大脑与心灵。

［一　生命与精神的矛盾］

我们在人身上遇到了这样一个矛盾，这个矛盾本身也被主观地体验过了，它具有更高和更深的秩序——这就是生命与精神的矛盾。这个矛盾也许已探入一切事物的根据之中，其探入的深度比生命和无机物之矛盾所探入的深度要深得多，近年来，尤其是德里施以错误的方式过分抬高了生命和无机物之矛盾。倘若我们把心理性东西和生理性东西仅仅看作是同一个生命进程的两个方面，而对这同一个生命进程的两种观察方式又相应于这两个方面，那么实行

---

① 参见我的论文《劳动与认识》。——原注

这两种"观察方式"本身的那个 X，就必定优越于肉体与灵魂的矛盾。这个 X 不是别的，就是那个自己从不变成具体的、但却使一切都"具体化"的精神。倘若生命已经是非空间性的存在——詹宁斯说得很确切，"有机体是一个进程"，一切表面上静止的形式在每一个瞬间都是被这个生命进程所承受和维持的——但很可能是时间性的存在，那么被我们命名为精神的东西，就不只是超空间的，而且也是超时间的。在某种程度上可以说，精神的诸意向，切断了生命的时间进程。精神行为也只是间接的，因为它要求着活动，依赖于一种时间上的生命进程并且仿佛是被嵌入此进程中的。但是，"生命"与"精神"尽管有如此这般的本质不同，按照我们已阐述过的观点，这两个原则在人身上却是相互依赖的：精神把生命观念化；96 但唯有生命才能把精神置入活动中并实现精神，从精神最简单的种类活动直至完成一种我们认为具有精神意蕴的作品。

　　精神与生命的这种关系，如同我们刚刚解释的那样，被许多人的哲学基本理解给错过了和轻视了。这里首先要以暗示性方式得到特性刻画的，是所有这样一些人之理论，即人们可以将其称作"自然主义"的人之理论。在这些理论中又可以区分出两种基本类型：一种是对人之行为的片面的形式性的-机械论的理解，另一种是片面的活力论的理解。

二　对"自然主义"理解的批评：其形式性的-机械论的类型

　　对精神和生命之关系的形式性的-机械论的理解——这些理解

首先必然忽视了生命范畴的特性并因而也必然误解了精神——这在西方历史中又是以两种形式出现的。一种形式来自古代，源自德谟克利特、伊壁鸠鲁、卢克莱修·卡鲁斯的理论，并且在拉·梅特里的著作《人是机器》中找到了其最完善的呈现。[①] 如同此书的书名业已道出的那样，拉·梅特里试图在这本书中把心理现象（并未将其与精神割裂开来）归结为在有机体中起支配作用的物理化学法则的伴随现象。形式性-机械论理解的另一种形式在英国感觉论中得到了最鲜明的造就；大卫·休谟的《人性论》呈现了这种形式的最完善的形成。恩斯特·马赫新近把自我表述为一种连接点，在这个连接点中，感觉的世界要素以特殊的稠密性聚合起来。在这两种理论中，形式的-机械论的原则处处被推到了极致，二者只有这样一种区别：一方面，感觉进程应从进程来得到理解，而这些进程是按照物理的机械论原则运行的；另一方面，无机自然科学的基本概念首先是从被视为最终既有事实的感觉材料、从表象联结法则（包括所有实体概念和因果概念）被引出的。但机械论这两种类型所具有的错误却在于，生命之本质的特性（Eigenart）和本己法则（Eigengesetzlichkeit）被忽视了。

三　对"自然主义"活力论类型的三个亚类型［的批判］

自然主义理论的第二个分支是活力论，与自然主义的形式性的-

---

① 可参见〔法〕拉·梅特里，《人是机器》，顾寿观译，商务印书馆 2014 年版。

机械论的理解相反，活力论的理解把"生命"范畴，并且因而也把精神范畴，弄成了对人之整体理解的源范畴（Urkategorie）——活力论的理解高估了生命原则的适用范围。按照活力论的理解，人的精神最终可以基于人的欲望生命而被完全理解为人之欲望生命的后期"发展产物"。英美国家的实用主义——首先是皮尔斯，接着是威廉·詹姆士，F. C. 席勒[①] 以及杜威——想要做的就是这样的事情，即从人的各种劳动形式中推导出思维形式和思维法则（homo faber[制作之人]）。另一方面，尼采在其《权力意志》中想要把思维形式阐明为从生命之权力欲望而来的、必要的、性命攸关的功能。近来，汉斯·法辛格尔[②] 以某种有所改变的方式追随着尼采的上述思想。[③]若我们通观所有相关理解之整体，我们就会发现，这种自然主义-活力论的人类观念还有三个亚类型，根据这三个亚类型，研究者把营养欲望体系，或繁殖欲望-性欲望体系，或最终的权力欲望体系，看作是人类欲望生命本身的源始的和主导性的欲望体系。"人乃是他所吃的东西（Der Mensch ist, was er iβt）"，沃格特[④] 曾这样粗略地解释道。无与伦比地深化并且精通黑格尔的历史理论的卡尔·马克思尤其持有相似的观点，即认为并非人造就历史，毋宁说是历史每每不同地造就了人，而且居首要地位的是经济史，"物质生产关系"的历史。按照对历史的这种理解，艺术、科学、哲学、法学等东

----

① 　F. C. 席勒（F. C. Schiller, 1864—1937），实用主义哲学家。
② 　汉斯·法辛格尔（Hans Vaihinger, 1852—1933），德国哲学家，康德研究专家，《康德研究》早期主编。
③ 　为此可参见我的论文《劳动与认识》，载于《知识形式与社会》。——原注
④ 　卡尔·沃格特（Carl Vogt, 1817—1895），德国动物学家。

西中的精神生产并不具有一种内在的本己逻辑（Eigen-Logik）和持续性。这种持续性和本真的因果性被完全移置到经济形式的进程中了，在马克思看来，这些经济形式的每一种突出的历史形式都导致了一种特有的精神世界，即作为众所周知的"上层建筑"。这样的人之观念——把人理解为一种首先被权力欲望和有效性欲望所支配的存在——在历史上尤其是来自马基雅维利、托马斯·霍布斯以及主张绝对国家的那些伟大政治家，在当代在弗里德里希·尼采的权力理论中得到延续，而更多地朝医学方面来看，这种人之观念也存在于阿尔弗利德·阿德勒的有效性欲望之优先性理论中。第三种可能的理解是这样一种理解：它把精神生命理解为升华了的性欲（*Libido*）的形式，理解为性欲的象征表达和性欲之轻浮的上层建筑，并且由此而来，整个人类的文化及其产物都被视为被抑制和被升华了的性欲的产物。叔本华已经把性爱称作"生命意志的焦点"，没有完全陷入自然主义（正是他的消极的人之理论阻碍了他完全陷入自然主义），早期弗洛伊德也如此这般地——这时的他还不相信独立的死欲——把这种人之理解进一步发展到最极端的后果中。[①]

对于所有这些自然主义理论，无论其是机械论类型的还是活力论类型的，我们都必须完全进行驳斥。自然主义的人类理解的"活力论"类型具有崇高的功绩，它使我们洞见到：在人当中在真正意义上具有创造性和强力的东西，并不是我们称之为精神（以及更高的意识形式）的那种东西，而是心灵的那些黑暗的潜意识的欲望力

---

① 比较我在《同情的本质与形式》第三版中对弗洛伊德式爱欲理论的批评——原注。

量，并且个体的人之命运形成（*Schicksalsbildung*）和群体的人之命运形成一样，都首先依赖于这些进程及其象征性的图像关联项的持续性——这也正如黑暗的神话并不是历史的一种产物，毋宁说，它深远地规定着民族历史的进程。尽管如此，所有这些理论还是在下述事情上犯错了，即它们想要从这些欲望力量中，不仅推导出精神及其理念与价值的活动和力量赢获，而且想要按照理念的内容上的意义持存推导出这些理念本身，此外还想从中推导出精神之法则以及精神的内在生长。如果说"古典"理论的西方观念论的错误，凭借其对精神的巨大高估，而忽视了斯宾诺莎的那一深刻真理（理性无力管理激情，除非它——凭借升华，正如我们今天想要如此命名的那样——本身变成一种激情），那么所谓的自然主义者这方面则是完全轻视了精神的本源性和独立性。

四　对克拉格斯的人类学理论的批判　　101

与所有这些理论相对，一个新近的作家，执拗地但并非没有深度地，试图首先在"生命和精神"这两个不可还原的基本范畴之下来理解人（类似于我们自身①）——我指的是路德维希·克拉格斯②。他首先是这样一位人士，他在德国以哲学方式奠定了对人之本质的泛浪漫主义的思维方式（*panromantische Denkart*），我们今天在极

---

①　对"精神"和"生命"的区分在我的处女作《先验方法和心理学方法》中就已经存在了，进而构成了我的《伦理学》的基础。此区分与克拉格斯的概念并不叠合，因为按克拉格斯的设定，"精神"等同于"理智""自我"，和"意愿"。——原注

②　路德维希·克拉格斯（Ludwig Klages，1872—1956），心理学家和哲学家。

为多样之科学的如此众多的研究者那里，例如在达克维^①、弗洛贝尼乌斯^②、荣格^③、普林茨霍恩^④、提奥多尔·莱辛^⑤以及斯宾格勒^⑥的某个向度里都可以遇到这种思维方式。这种理解的特性（对此我在这里不予以详论），首先在于以下两点：精神虽然被视为源始性的，但就如同在实证主义者和实用主义者那里一样，被完全等同于理智和选择能力了。精神首先不只是被具象化^⑦了，而且也由于去现实化而具有理念和本质性的观察角度——克拉格斯并不承认这一看法。如此这般被剥夺其真正本质和核心的精神，在克拉格斯那里于是就完全贬值了。在克拉格斯看来，精神与一切生命、所有归属于生命的东西，以及所有朴素机械表达的心灵生命，都处在一种源始的斗争状态中，而不是处在一种彼此补充的关系中。在这种斗争状态中，精神显现为在人类历史过程中愈发深邃地毁灭着生命与灵魂

102

---

①　埃德加·达克维（Edgar Dacqué，1878—1945），史前史学家和自然哲学家。

②　里奥·弗洛贝尼乌斯（Leo Frobenius，1873—1938），人种学者和文化哲学家。

③　卡尔·古斯塔夫·荣格（Carl Gustav Jung，1875—1961），瑞士心理分析家。

④　汉斯·普林茨豪恩（Hans Prinzhorn，1886—1933），心理分析家。

⑤　提奥多尔·莱辛在其著作《历史作为无意义者的意义赋予》（*Geschichte als Sinngebung des Sinnlosen*）第四版第 28 页中表达了其理论的基本思想："我的基本思想愈发地得到了强化，此即，精神及其规范的世界只是一种在人那里患病染疾的生命的不可缺少的替代世界，只是对本身变得可疑的、在短暂的清醒意识后再度无影无踪地沉没的、通过科学而变得妄自尊大的蠢货们进行拯救的手段。"——原注

　　（提奥多尔·莱辛（Theodor Lessing，1872—1933），德国文化哲学家。——译者）

⑥　奥斯瓦尔德·斯宾格勒（Oswald Spengler，1880—1936），德国文化哲学家，代表作《西方的没落》（*Der Untergang des Abendlandes*）。

⑦　此处"具象化"的德文为"vergegenständlicht"。按《瓦里西德语词典》（*Wahrig Deutsches Wörterbuch*），这个词是德文受到拉丁文影响而来的外来词 konkretisieren 的德文本土对应词语，直译为"对象化"不够完善。此处选择译为"具象化"，试图兼容"具体化"和"对象化"两个内涵。

的原则，以至于最终人类历史显现为一种堕落，显现为在人当中呈现着的生命的一种进展着的疾病现象。倘若克拉格斯竟是完全一贯的——他事实上并不是，因为他以奇特的方式让精神只是在人之生成之后才在历史的某个地方"降临袭来"，以至于在智人（homo sapiens）的历史之前就已经先行有一种强大的史前史了，这种史前史就是巴豪芬①的眼睛所看到的那种历史——克拉格斯就必然会把这种"生命之悲剧"的开始（在他看来，人就是这种开始）早已移置到人之生成本身中去了。

去接受精神和生命之间的这样一种活跃的和敌对的对立——按照我们上面阐述过的对这种关系的理解——已经是这样一种事实，即精神之为精神根本上并不具有任何"力量和权力"，不具有任何源始的活动能量（精神之所以能够实行那种"毁灭"，正是通过这种活动能量）。

克拉格斯在其富于精细观察的著作中，就历史晚期文化的那些实际上令人惋惜的现象所援引的东西，并不是要给"精神"加上重负，而事实上是要回溯到一种进程中去，我把此进程命名为"超升华"（*Übersublimierung*），亦即一种如此过度的理智化的状态，以至于基于这种理智化并且作为对这种理智化的反应，自觉的、浪漫的逃避每每都是投入到一种通常被误以为是在历史中发现的状态中去了，而超升华，尤其是推理理智活动的过度，还未存在于这种状态中。希腊的酒神运动早就是这样一种逃避运动，此外，希腊化时代的教义学也是这样一种逃避运动，这种教义学看到了古典希腊

103

---

① 约翰·雅各布·巴豪芬（Johann Jakob Bachofen, 1815—1887），瑞士法学史家和考古学家。

文化，它的观看正如德国浪漫主义看中世纪的那种观看。这些历史图景，在最为深远处，仅仅是依据于一种通过本己的超理智化而产生的对"青春和原始"的渴望。但这一点却从未与历史现实符合一致，在我看来，克拉格斯对此的评估并不足够。另一组现象——克拉格斯视之为精神之摧毁性力量的后果——仅仅在于，在精神活动处处都作为通常自动运行的生命灵魂之活动的对立面而被致力的地方，生命灵魂的活动事实上被大规模地干扰了。简单的基本征兆就是——比方说——注意力对心跳、呼吸以及其他完全或部分的自动运动的扰乱。此外还有这样一些扰乱，即当意志直接针对欲望冲动本身建立起来，而不是从事于那些每每崭新的对价值加以强调的内容，这些扰乱就出现了。但克拉格斯在这里称之为精神的东西，事实上只是在我们先前阐述过的东西的意义上的一种复杂的、技术性的理智。克拉格斯，作为所有实证主义人类理解和所有那种理解（把人理解为"制作之人"）的最尖锐的反对者，恰恰在这个根本要点上是那种基本观念（他如此尖锐地与之斗争的那种基本观念）的一个不加批判的学徒。克拉格斯也错认了这一点：在酒神性的东西和人之实存的酒神形式到处都是源始的和稚真的地方，人之实存的酒神形式也从未完全是源始的和稚真的，因为明确的欲望释放和理性的禁欲一样，都是由精神而来引导的。动物并不知道这样一种释放的状态，酒神状态本身依据于一种复杂的有意识的意志技术，因而是与这样一种"精神"一道工作的，这种精神是应被断联关掉的。精神和生命是彼此归入的，而当人们把精神和生命带到一种源始的敌对性或一种斗争状态中时，人们就犯了一个基本错误。"思考那最深邃者的人，热爱那最鲜活的东西"（荷尔德林）。

第六章 论人之形而上学：
"形而上学"与"宗教"

哲学人类学的任务是，去准确地揭示出，人的所有特殊的垄断、成就、作品，是如何从人之存在的基本结构（这种基本结构是我们上面阐述业已简要说明了的）中形成的：例如语言、良知、工具、武器、正义和非正义的观念、国家、领导、艺术的呈现功能、神话、宗教、科学、历史性、社会性。对于这些问题不能在此予以深究。但为了结束本文，我们的目光还是应被引到这样一些论断中去，这些论断是从我们就人与诸物之基础的形而上学关系所说的东西中得出的。

人之本性，从隶属于它的生存阶段中逐渐有了一种构造（我刚刚才试图给出这种构造），这种构造之最美成果的其中一种是，人们能够指出，凭借着何种内在的必要性，人能够在这样一种瞬间——他在这种瞬间中通过世界意识和自身意识、并通过对其本己心理和物理本性的具象化（此乃精神的特殊标志）而成为人——必然领会到超世俗的、无限的、绝对的存在的最为形式性的理念。一旦人从整个自然来突显自身并且使自然成其"对象"（这一做法事实上属于人的本质，是人之生成行为本身），他就会仿佛战栗地转过身来并且问道："我自己究竟身处何处？我的立足点究竟是什么？"他真的

不再能够说："我是世界的一部分，是被世界所包围的"，因为他的
精神和他的人格的现实存在，甚至优越于空间和时间中的这个"世
界"的存在之形式。并且如此这般地，他仿佛在这种转身中观入了
虚无。他在这种观照中仿佛发现了"绝对虚无"的可能性，并且这
又进而驱动着他臻于这一问题："为何根本上竟存在着一个世界，
为何'我'根本上竟存在着？"人们理解了此关联的这种严格的本质
必然性，此关联即在人的世界意识、自身意识，以及形式上的上帝
意识之间的关联，在这种关联中，上帝仅仅被理解为一种配备了"神
圣"谓词的"通过其自身的存在"，这种"通过其自身的存在"能够
取得在自然上千变万化、最为缤纷多彩的充实。但绝对存在本身的
这一领域，无论它是否能为体验活动或认知活动所通达，都同样以
建设性的方式归属于人之本质，以及人的自身意识与世界意识。洪
堡曾就语言指出，人并不能单纯"发明"语言，因为人只有通过语
言才是人，这一点恰恰以同一种严格性也适用于那种神圣的形式存
在领域，这种神圣凌越于人的一切有限经验内容和人本身之中心存
在，要求着本身完全独立的敬畏之存在。对于"宗教和形而上学之
本源"这样的措辞，倘若人们不只是将其理解为用某些假设和信念
进行的对此领域的充实，而且也将其理解为此领域本身的一种本
源，则它的这种本源就与人之生成本身完全叠合一致了。人必须以
生动的必要性在同一瞬间（他在这一瞬间中在根本上开始觉知"世
界"和他自身）发现这一事实——"世界根本上是存在的而非相反
不存在"，"人本身是存在的而非相反不存在"——的特有的偶然。
因此，让"我存在"（像笛卡尔所讲的那样）或"世界存在"（像阿奎
那所讲的那样）先行于"有绝对存在"这一普遍命题，并且想通过从

107

那些最初存在方式而来的推论，来抵达这种绝对者的领域，就是一个完全的错误。

世界意识、自身意识，以及上帝意识，构成了一种不可撕裂的结构统一性，正如对象之超越和自身意识源出于同一种行为，即"第三种反射"。在这同一瞬间中，那种"不，不"（Nein, nein）亮相为周围世界的具体现实，而正是在这种"不，不"中，精神的现实存在及其观念性对象才得到建构；正是在这同一瞬间中，开放世界的行为（das *weltoffene* Verhalten）和那从未静息的渴求（即要无限制地前驱挺进到被发现的"世界"领域中，并且在任何既有现实中都不会安息的那种渴求）出现了；正是在这同一瞬间中，生成着的人打断了所有动物生命（它们先行于人）的方法，即去变得适应环境或使自己适应环境，而是选取了相反的向度，即要使被发现的"世界"适应自身及其在有机意义上变得稳定的生命；正是在这同一瞬间中，人使自身出离于自然，以便把自然变成人之支配性和新艺术-新符号原则的对象；正是在这同一瞬间中，人必然也使其中心以某种方式锚定在世界之外和世界彼岸。倘若他现在不再能把自己理解为世界的简单"环节"（Glied）或一种简单"部分"（Teil）的话，而他已如此冒失地面对世界了！ ₁₀₈

但在发现了世界偶然性之后，在发现了人的存在核心（人的那种变得出离世界的存在核心）的奇特偶然之后，人还可能具有一种双重行为。他一方面能够为此惊奇（θαυμάζειν），并使他的那种认知精神运作起来，即要去理解绝对者并使自身适应绝对者——这乃是每一种形而上学的本源。只是很久之后，形而上学才在历史中出现，并且只是在很少几个民族中出现。但人也能够从不可抑制的寻求庇护的冲动中（不只是对其个体存在的庇护，而且首先是对其整个族群的庇护），基于并借助于阴森非凡的过度幻想（与动物相反，这种过度幻想从一开始就是人所天生具有的），而以任意的形象聚居于这种存在领域中，以便通过祭礼和仪式将自身庇护到这些形象的力量中，为的是获得某种保护和帮助来"在后面支持自己"，因为他在他的那种基本行为中——陌异于自然，对自然加以对象化，并且同时生成其自身存在和自身意识——似乎沦入纯粹的虚无中了。对这种虚无主义（它是以这些庇护、支持的形式出现的）的克服就是那种被我们称作"宗教"的东西。它是原初的（*primär*）族群宗教和"民族宗教"，并且是后来伴随着国家的起源才变成"创始人宗教"的。但确定无疑的是，世界首先是作为对我们生命中的实践性实存的阻抗而被给予的，要早于它作为认识对象而被给予；同样确定无疑的是，关于这种新发现领域的观念产物和表象产物（正是它们赋予人以在世界中主张自身的力量，这种帮助首先是由神话给人类提供的，后来则是逐渐显露出来的宗教给人类提供的），也必然历史性地先行于所有主要定向于真理的认识或具有"形而上学"特性的认识尝试。

［一 关于人与上帝之关系的
宗教观念的主要类型］

我们现在来考察一下关系观念的几个主要类型，这种关系观念是人在自身与万物的最高根据存在（Grundsein）之间形成的，并且仅限于西方和小亚细亚的一神论阶段。这时我们会找到这样一些

观念，例如当上帝选中某个民族作为其选民后（古犹太民族），人与
上帝订立的"约"；又如，人按照社会的社会结构来看显得是"上帝
的奴隶"，他诡计多端又卑躬屈膝地拜倒在上帝面前，企图通过恳 110
求和威胁或用魔法手段来感动上帝。在某种更高的形式中，人显现
为最高"主人"的"忠实奴仆"。在一神论之界限中得以可能的最高
和最纯粹的观念，是一切人作为"子"与上帝作为"父"的那种亲子
关系观念。人与上帝是由本质相同的"圣子"来居间调解的，"圣
子"在其内在本质中为人预示了上帝，并且亲自以神圣的权威为人
规定了某些信念和信条。

　　所有这类观念，我们必须为了我们对这种关系的哲学考察而
予以拒绝。我们之所以必须这样做，乃是因为我们拒绝这种有神
论的前提："一种精神性的、在其精神性中无所不能的人格化的
上帝"。对我们而言，人与世界根据的基本关系（*Grundverhältnis
des Menschen zum Weltgrund*）在于，世界根据在人之中——人本
身既作为精神又作为生物而向来只是那"通过自身而存在着的东
西"的精神和欲望①的一个分中心——直接理解和实现自身。这
就是斯宾诺莎、黑格尔及其他许多人的那个古老的思想：人看到
自己奠基于源始存在中，与源始存在在人之中觉察到自身，是同
一个行为。我们只需将这些迄今为止太过于片面地代表着理智主
义的思想朝下述向度加以改造：这种知道自身乃是被奠基的知晓
（*Sichgegründetwissen*）只是一个后果，即为了神性的理想要求而把 111
我们的存在中心主动投入进去，以及下述尝试的一个后果，即尝试

---

　　①　这里的"欲望"，原文为"Drang"，亦可译为"欲求"或"冲动"。

去实施这一要求，并尝试在这种实施中把那个从源始根据而来的生成着的"上帝"作为精神和欲望之日益增强着的彼此渗透来首先予以共同引发（*mitzuerzeugen*）。

［二　人作为欲望和精神之
共同游戏的形而上学位置］

这种自身实现的位置，在某种程度上也可以说，这种自身神化的位置——那通过自身而存在着的存在所寻求的就是这种自身神化，并且为了这种自身神化之生成的缘故，存在把世界接受为一种"历史"——恰恰就是人，人自身和人的心灵。它们是上帝之生成的那个独一无二的、可为我们所通达的位置——但却是这种超验进程本身的一个真实的部分。因为虽然一切事物在一种持续的创造的意义上，时时刻刻都是源出于那通过自身而存在着的存在，更确切地说，源出于欲望和精神之共同游戏的功能的统一性，但只有在人及人的自身中，Ens per se［存在本身］的这两个——我们所能认识的——属性才活生生地彼此关联起来。人就是这两个属性的汇聚点。在人身上，逻各斯——世界正是"按照"它而被造就的——变成了可共同实行的行为（*mitvollziehbarer Akt*）。因此，在我们看来，人的生成和上帝的生成从一开始就是彼此相互依赖的。人若不是自知为最高存在的那两个属性的环节，若不是知道自身乃是寄宿在这种存在自身中，则人就很少能达到他的规定／使命（Bestimmung）[①]。同

---

① "Bestimmung"在德语哲学文本中往往兼有"规定"和"使命"这两种含义。汉译难以用一个译名来兼容这两种含义。

样地，若没有人的参与协作（Mitwirkung），存在本身也很少能达到它的规定/使命。精神和欲望，存在的这两种属性——不考虑它们 112 生成着的彼此渗透——乃是目标，而且它们在自身中也并未完成：它们恰恰是在它们在人类精神历史的显明中和在世界生命进化的显明中自行生长着。

　　有人会对我说，事实上已经有人对我说过，要人们忍受一个未完成的上帝、一个生成着的上帝，这对人而言是不可能的！对此我的回答是，形而上学不是为弱者、需要扶持者设立的保险机构。形而上学是以人当中的一种强有力的、意气风发的意知（Sinn）为前提的。因此也就可以很好地理解，人是在他的发展过程和他的不断增长着的自身认识中，才臻于这样一种意识，即他乃是神性的共同奋斗者，他乃是在参与协作"神性"（Miterwirkens der »Gottheit«）。对庇护和支持的需求——即被庇护和支持着进入一种外在于人和外在于世界的全能中，这种全能被设置为与善和智慧相等同——太大了，以至于在不成熟状态的时代里，这种需求仿佛并未突破感官和省思的一切堤坝。但我们却取消了人与神性的那种半稚真、半虚弱的疏远关系——无论它们在静观、礼拜、祈祷的那些客观化的并因而逃避性的关系中是如何被给予的——而代之以人为了神性而做出的根本性的私人投入行为（den elementaren Akt des persönlichen Einsatzes），亦即人与神性在任何一种意义上的精神行为向度的自我等同。那通过自身而存在着的东西的最终"现实的"存在，恰恰 113 是不能被对象化的，正如一个陌生人格也不能被对象化。人们只有通过共同实行，只有通过投入之行为和积极认同之行为，才能参与其生命及其精神现实性。至于那些对人的支持并且作为对人之虚弱和需求的单纯补充（它们始终一再想要使存在成为一种对象），绝对存在是不在此的。但对我们而言或许也有这样一种"支持"，一种对迄今世界历史之价值实现的整体工作的支持，只要它已经把"神性"之生成提升为一个"上帝"。只是人们最终永远都不要去寻求那些理论上的确信，这些确信据说应先行于这种自身投入（*Selbsteinsatz*）。因为只有在人格的投入中，下述可能性才得以开启，即有可能去"知晓"那通过自身而存在着的东西的存在。

　　对这种形而上学基本观念的核心做出进一步的阐述，就不是这篇报告的任务了。

人 名 索 引

(索引中的页码为原书页码，亦即本书边码)

译 后 记

舍勒 1927 年 4 月 28 日在达姆斯达特"智慧学派"大会上发表报告，名为《人之特殊地位》。此报告后以同一名称发表在《烛台》杂志 1927 年第 8 卷第 161—254 页。

按照多方人士的请求，《人之特殊地位》报告在次年以有所扩充的方式出版了单行本，更名为《人在宇宙中的地位》(1928)[①]。此书被公认为舍勒的代表作之一，呈现了舍勒的哲学人类学思想，历来备受学界重视。舍勒自己也认为此书代表了他整个哲学努力的总和与综合，而且是一种正在兴起的哲学人类学的开端，具有非常重要的意义。

1927 年 4 月 28 日的《人之特殊地位》报告依据一份手稿（此手稿作于 1925—1927 年间），按舍勒自己的讲法，这份手稿的内容在报告中被大幅度压缩了，在报告中并未完全呈现出来（例如在这份手稿中舍勒就已经对海德格尔的《存在与时间》进行了表态，而这些表态在报告中则未显现出来）。此手稿现收藏在德国巴伐利亚国立图书馆"舍勒档案馆"中，编号为"B.I.17"（另一份存于美国新

---

① 按舍勒自己的解释，单行本的扩充工作指的是结尾处所勾画的人的形而上学问题，尤其是对"自由"概念和"不朽"概念的暗示。

墨西哥大学"舍勒档案馆")。

从文本内容的最初变化来看,《人在宇宙中的地位》首先就存在着这样几种前后不同的文本:手稿(B.I.17),《人之特殊地位》(1927年报告),《人在宇宙中的地位》(1928年第一版,1930年第二版,第二版与第一版在少数地方有所区别)。自舍勒遗孀玛丽亚·舍勒开始负责舍勒文本的编辑工作后,按照她自己的加工标准(依据手稿 B.I.17 来重新加工文本[①]),《人在宇宙中的地位》此后在第四版至第七版中又经历了诸多变化[②],例如"前言"在《人在宇宙中的地位》1947年第四版(第7—8页)和1949年第五版(第9—10页)中都只是以删节版形式付印,完整版只是在该书1962年第六版中才得到恢复。《人在宇宙中的地位》同样也收录在《舍勒全集》第九卷《晚期著作》中,但该卷编者弗林斯教授对此文本的编辑工作也遭到了部分学者的批评。由于玛丽亚·舍勒和弗林斯的加工工作,再加上1928年第一版相对不易获得,这就导致了读者通常所见的《人在宇宙中的地位》是不同编者按不同取舍标准在不同时期对原文的加工成果(包含了来自编者而非作者的文本改动),并非舍勒生前撰写出版这本书时的原始面貌。

本书根据《人在宇宙中的地位》1928年第一版译出,可以为读者呈现舍勒这部著作的原貌和原初筹划。编者加工整理的版本并非没有意义,但重要思想家在出版自己著作时的原初筹划也应得

---

① 玛丽亚·舍勒按照手稿 B.I.17 加工制作了一套《人在宇宙中的地位》的打字稿,此打字稿乃是该书1947年第四版的文本基础。

② 第四版1947年,第五版1949年,第六版1962年,第七版1966年。第七版是第六版的重印版,内容上没有变化。

到尊重，因为任何一种本质性思想的开端都具有不可低估的丰富信息。

国际舍勒研究资深专家亨克曼（Wolfhart Henckmann）教授于 2018 年在德国迈纳（Meiner）出版社编辑出版了《人在宇宙中的地位》首个历史考证版，并为之撰写了长篇导言和详细注释。这个历史考证版的文本基础也是 1928 年第一版（个别地方参考了 1927 年报告版），同时呈现了各种版本文本的同异之处，既向前追溯了手稿"B.I.17"的最初表述，亦向后记录了各种版本的偏离之处。这个历史考证版提供的详细注释极具价值，对于文本理解具有深远意义，译者已将相关注释译为中文，该书厚达五百多页，中译本预计八百多页，出版尚需时日。

《人在宇宙中的地位》曾经出过三个中译本，但都不是根据 1928 年第一版译出。它们是，舍勒：《人在宇宙中的地位》，陈泽环、沈国庆译，米尚志校，上海文化出版社，1989 年 4 月（此书根据《舍勒全集》第九卷收录的《人在宇宙中的地位》译出并参考了德文版 1930 年第二版）；舍勒：《人在宇宙中的地位》，李伯杰译，刘小枫校，贵州人民出版社，1989 年 6 月（此书根据德文版 1930 年第二版译出）；《哲学人类学视野中的"人"——舍勒〈人在宇宙中的地位〉精粹》，王维达编译，湖北人民出版社，1989 年 9 月（此书根据《舍勒全集》第九卷收录的《人在宇宙中的地位》译出）。

《人在宇宙中的地位》1928 年版提供了全书目录，但目录的章节标题在正文中没有体现出来，舍勒在正文中是用罗马数字、空行和首字母大写来表示具体的章节划分。同时，舍勒在正文中还在某些地方用空行或首字母大写来表示文本在此应有章节的划分，而这种划分未在目录中得到命名。此译本为了呈现舍勒最初的章节筹划并考虑读者的阅读方便，依照亨克曼2018年历史考证版的做法：一是使目录的章节划分在正文中得到体现，二是当舍勒在正文个别地方提示那里应有章节划分，但又未在目录中给出相应标题的地方，参考了历史考证版所给的标题内容，此类标题统一被置入方括号中。

　　本书的翻译隶属于张伟教授主持的国家社科基金重大项目"《马克斯·舍勒全集》翻译与研究"，得到了张伟教授的大力支持和帮助，特此致谢！同时感谢本书责任编辑龚李萱女士认真细致的工作。

张柯

2023年4月于贵阳

《现象学原典译丛》已出版书目

胡塞尔系列

现象学的观念

现象学的心理学

内时间意识现象学

被动综合分析

逻辑研究（全两卷）

逻辑学与认识论导论

文章与书评（1890—1910）

哲学作为严格的科学

关于时间意识的贝尔瑙手稿

扎哈维系列

胡塞尔现象学

现象学入门

现象学的心灵

海德格尔系列

存在与时间

荷尔德林诗的阐释

同一与差异

时间概念史导论

现象学之基本问题

康德《纯粹理性批判》的现象学阐释

论人的自由之本质

形而上学导论

基础概念

时间概念

哲学论稿（从本有而来）

《思索》二至六（黑皮本 1931—1938）

* *

来自德国的大师	〔德〕吕迪格尔·萨弗兰斯基 著
现象学运动	〔美〕赫伯特·施皮格伯格 著
道德意识现象学	〔德〕爱德华·封·哈特曼 著
心的现象	〔瑞士〕耿宁 著
人生第一等事（上、下册）	〔瑞士〕耿宁 著
回忆埃德蒙德·胡塞尔	倪梁康 编
现象学与家园学	〔德〕汉斯·莱纳·塞普 著
活的当下	〔德〕克劳斯·黑尔德 著
胡塞尔现象学导论	〔德〕维尔海姆·斯泽莱锡 著
性格学的基本问题	〔德〕亚历山大·普凡德尔 著
人在宇宙中的地位	〔德〕马克斯·舍勒 著

图书在版编目(CIP)数据

人在宇宙中的地位/(德)马克斯·舍勒著;张柯
译.—北京:商务印书馆,2024(2024.10重印)
(中国现象学文库.现象学原典译丛)
ISBN 978-7-100-23444-3

Ⅰ.①人…　Ⅱ.①马…②张…　Ⅲ.①哲学人类
学—德国—现代　Ⅳ.①B089.3②B516.59

中国国家版本馆 CIP 数据核字(2024)第 044992 号

中国现象学文库
现象学原典译丛
人在宇宙中的地位
〔德〕马克斯·舍勒　著
张　柯　译

商　务　印　书　馆　出　版
(北京王府井大街 36 号　邮政编码 100710)
商　务　印　书　馆　发　行
北京通州皇家印刷厂印刷
ISBN 978-7-100-23444-3

2024 年 5 月第 1 版　　　　开本 880×1230　1/32
2024 年 10 月北京第 2 次印刷　印张 3½
定价:32.00 元